每周蒋讲

变革的逻辑

新技术驱动下的中国法律服务

蒋 勇 邹一娇 著

中国政法大学出版社

2019·北京

图书在版编目（ＣＩＰ）数据

变革的逻辑:新技术驱动下的中国法律服务/蒋勇,邹一娇著. —北京:中国
政法大学出版社,2018.8
　ISBN 978-7-5620-8445-7

　Ⅰ.①变⋯　Ⅱ.①蒋⋯　②邹⋯　Ⅲ.①法律—工作—研究—中国
Ⅳ.①D92

　中国版本图书馆CIP数据核字(2018)第179323号

出　版　者　中国政法大学出版社

地　　　址　北京市海淀区西土城路 25 号

邮寄地址　北京 100088 信箱 8034 分箱　邮编 100088

网　　　址　http://www.cuplpress.com（网络实名：中国政法大学出版社）

电　　　话　010-58908437（编辑室）58908334（邮购部）

承　　　印　北京中科印刷有限公司

开　　　本　880mm×1230mm　1/32

印　　　张　7

字　　　数　145 千字

版　　　次　2019 年 1 月第 1 版

印　　　次　2019 年 1 月第 1 次印刷

定　　　价　59.00 元

"每周蒋讲"伴我成长

2014 年春天，我和小伙伴们聚在一起，商量怎么在初创的天同诉讼圈微信公众号上做一些创新。那时，罗辑思维这样的知识社群非常红火，它的创始人罗振宇的专栏也极受欢迎。天同诉讼圈的主编想想姑提议说，要不蒋律师也开个专栏吧，名字就叫"蒋讲"。我说，既然开专栏，那就争取做到每周一篇，干脆就叫"每周蒋讲"吧。

当时的我没有想到，灵感一现蹦出来的这四个字，会在之后三年时间里成了"紧箍咒"一样的存在：它不仅需要每周更新，还需要我每周都讲出一些有价值的原创内容来。于是，搜肠刮肚地梳理我的知识和经验储备，在处理完各项工作后加班把文章赶出来，每个周五发表在"天同诉讼圈"上，成了我在很长一段时间里的必备动作。

2017 年 1 月，由于愈加繁重的工作，我不得不将"每周蒋讲"改为不定期的"蒋讲"。"紧箍咒"是松掉了，我却常常感到失落和遗憾。重新整理文稿，更觉得从前这段被更新节奏倒逼着"每周蒋讲"的日子值得怀念。

自从 2014 年 5 月 23 日推出第一篇文章以来，"每周蒋讲"

专栏坚持更新了 132 期。除了五一、国庆、春节这样的大假期，每周从未间断。专栏内容涵盖律师成长、律所管理、法律生态圈、法律服务的互联网化等方方面面，不仅有我的自说自话，还引入对话、问答等多种形式，展现在互动中碰撞出的思想火花。文字之外，我们还尝试了语音、视频等呈现方式，让内容更加立体丰富。

一期期积累下来，三年多时间里，"每周蒋讲"专栏一共发表了超过 46 万字的内容，累计被阅读了超过 200 万次。

这些文字让我有机会参与到行业内重要话题的讨论中去。

我曾就律所合伙人的薪酬分配问题连续写过三篇文章，表达我对这一律师行业"天下第一问"的看法；也曾连续发表三篇有关法官与律师关系的演讲，坦诚地表达我的困惑与希冀。在元旦和青年节，我常常"熬制鸡汤"，以切身感悟寄语青年律师。在技术变革深入法律行业之时，我多次谈及有关互联网、大数据、云计算、人工智能的基础认知，并且研读理查德·萨斯金（Richard Susskind）的新书《专业人士的未来》（*The Future of the Professions*），在第一时间与大家分享……

所有内容，不敢妄言成熟完善，但始终真诚开放。我竭尽所能地与大家分享我的所思所想，以我的感悟为同行提供参考，期待在法律生态圈中以律师的视角贡献有建设性的意见。

这些文字也让我结识了一帮志同道合的朋友。

我常说，移动互联网的传播是一种"圈层传播"，只有对内容感兴趣的人才会点开来阅读，只有被内容打动的人才会转发，发起新一轮的传播。如此看来，"每周蒋讲"专栏的每一篇文章都像是一份邀约，找寻着关注这些话题，认同这些理念的朋友。当越来越多这样的人聚在一起，内容也被传播得越来越广，甚至产生奇妙的"蝴蝶效应"：2016 年全国律师代表大会期间，一篇呼吁国家加大对律师行业基础设施建设投入的专栏文章有幸得到许多与会代表的关注与认可，形成提案在大会提交。

很多律师朋友告诉我，他们会在每周五下午守候"每周蒋讲"的更新，这个专栏里的每一篇文章他们都会仔细阅读。这对我而言，是难得的信任，也是无比珍惜的缘分。

在这个过程中，我自己也收获了难得的成长。

我一直相信，写作是绝佳的思考方式，可以帮助我们理清那些似是而非的模糊念头。我们从来都不需要把某个问题完全想明白再提笔写作，写作自会督促我们反复检视认知，梳理逻辑，破解疑惑，直至搭建起相对完善的知识体系。

这对于平日里忙于琐碎事务的我来说尤其可贵。我们太容易陷在那些紧急但不重要的事务当中，却把重要但不紧急的事务抛在脑后。"每周蒋讲"就像是一个闹钟，定期地提醒我从日常事务中抽离出来，反思前行的方向。

一般而言，写作是一个孤独的过程。幸运的是，我的写作有团队的陪伴。在这里，我尤其想感谢"每周蒋讲"专栏的幕后团队。

最开始的时候，主要是连哲——一个充满灵气的湖南小姑娘——配合我写作。连姑娘是中国人民大学新闻系硕士，毕业后就加入了当时天同的新媒体事业部。她对内容运营很有想法，文笔也非常不错。每当我确定选题后，就会天马行空地跟她聊上两个小时，由她来把这些零碎的想法整理成文。在这个基础上，我再提出修改意见。其他新媒体事业部的小伙伴和当时在新媒体事业部轮岗的天同律师也会参与进来，协助我完成了若干期内容。

对他们来说，这不是一件容易的差事。在一周一文的快节奏里，他们往往周一周二才能等到我确定选题，聊清楚想法，然后花一两天时间整理成初稿，再根据我的意见反复修改，甚至全部推倒重来。熬夜写稿，或者天不亮就起床写稿，是每一个参与者的工作常态。

2015 年初，当时还是中国政法大学法学院研三学生的邹一娇加入了进来，最开始是担任视频栏目"蒋讲·会客厅"的编导，后来就跟我一起写文章，协助我完成了后面"每周蒋讲"专栏的绝大部分内容。

一娇特别难得的一点在于，她是一个充满好奇的人。沟通选题时，她会敏锐地抓住我说得不够清楚的点，追问下去。如果我的回答给了她新的认知，她的眼神里会有发现宝藏般的光芒，鼓励我更加深入地讲下去。除了梳理我的输入，她还会主动发掘国内外的研究成果，输出给我，沉淀到文章里来。所以，后来的"每周蒋讲"，其实不只是我在"讲"，也有她的很多智慧贡献。

两年多时间配合下来，我和一娇也变得非常默契。最开始的时候，我们可能需要聊上一两个小时，她才能知道我想写些什么。但到后来，可能就是聊一二十分钟，甚至只是几句话给她一个方向，她就能完全明白我的想法。所以我常笑称，我的脑子有一半在她那儿。

2015 年 7 月，我受邀作为校友代表，在中国政法大学法学院研究生毕业典礼上发表演讲。一娇协助我准备了这次演讲的内容，同时作为当天的毕业生坐在台下听我演讲。典礼结束后，我们捧着鲜花在台上拍了一张合影，这也算是非常奇妙的缘分了。这篇题为《到处都是我们的人》的演讲稿也引起了很多法律人的共鸣，成为当时阅读量最多的一篇"每周蒋讲"专栏文章。

借着此次出版，我想感谢一娇，感谢连姑娘，感谢小雨、润众、李谦、大龙、皓哥、李岩、大鱼等等协助我写作"每周蒋讲"专栏的小伙伴们。你们承担了写作中最苦最累的工作，帮我梳理思路，润色想法。如果没有你们，就不会有这个专栏，更不可能三年如一日地坚持更新，始终有高品质的内容产出。当然，还要感谢为这个专栏出谋划策的想想姑和范否，无讼视觉团队的闫导、世功、小娟，以及大莹哥、杨 yy、崔三杯等好多位先后在天同新媒体事业部或无讼新媒体板块工作的小伙伴们，你们的贡献让这个栏目增色不少。

我也想感谢一直以来始终关注"每周蒋讲"的朋友们。你们的信任和支持是我坚持写作的最大动力，你们的分享与转发才让"每周蒋讲"被这么多人认识和记住。可以说，是你们和我们一起打造了"每周蒋讲"，和你们一起讨论交流，传播理念的日子让我无比难忘。

"每周蒋讲"伴我成长，其实也是你们伴我成长。

此次将文章结集出版，旨在体系性地呈现过去的思考沉淀，为更多人提供参考，同时也想以此纪念过去三年多里我和小伙伴们一起实践、写作、交流，并且在这个过程中共同成长的美好时光。创业本来就是痛并快乐着，这样的成长一去不复返，却凝结成了继续前行者取之不尽，用之不竭的力量。

对我个人来说，"每周蒋讲"早已不仅是一个专栏，更成为一种符号，提醒我不要懈怠，要坚持思考与分享。所以，我也把这个图书系列命名为"每周蒋讲"。除了"每周蒋讲"专栏此前的文章，我接受委托完成的全国律协课题的研究成果也被收录了进来。

常有朋友问我："每周蒋讲"文章为什么不写了？我半开玩笑半当真地回答：因为"蒋"郎才尽啦！是的，文字是思想的结晶，而思想是实践的升华。所以，我历来认为，没有实践就没有思想，没有思想写出来的文字就是苍白的。三年多来每周一篇的文章，建立在我十多年的法律服务实践基础上。这些文字，不说厚积薄发，起码也是有感而发。

正是因为这个原因，当我感觉文思枯竭的时候，我知道，那不是因为别的，是我的实践不够支撑思想了。法律服务的新的实践，需要更多创新的探索，需要有不怕失败，勇往直前的精神。我是时候重新埋头苦干，多做少说了。不过请大家放心，我这辈子都肯定是献身给法律服务行业，献身给法律服务创新事业了，所以我一定会积累实践后重返"每周蒋讲"的，此次出版就当做是我成长历程中的一个小小逗号，期待"每周蒋讲"和大家再续前缘！

朋友们，前路漫漫，让我们彼此相伴，共同成长！

序　言

　　我们有幸承担了全国律协的一项研究课题，主题是"互联网对律师行业的影响研究"。这个课题前后进行了两年，最近才刚刚封笔通过了验收。

　　互联网对律师行业的影响曾经一度是一个很热的话题。许多律师同行撰写文章，讨论"互联网＋法律"的未来。理查德·萨斯金的《法律人的明天会怎样？》（*Tomorrow's Lawyers: An Introduction to Your Future*）一书被引进国内，大受追捧。法律互联网的创业项目也层出不穷，都在跃跃欲试，想要为行业带来一些改变。

　　但是，这两年时间里，这个话题似乎渐渐冷下来了。一方面，新的技术层出不穷，从最开始的互联网，到后来的大数据、人工智能，再到现在的区块链，技术的创新让人眼花缭乱，甚至渐觉麻木。另一方面，所有创业项目对法律服务行业的影响都还十分有限，绝大多数律师的工作并没有受到太大影响。人们似乎慢慢开始觉得，技术颠覆法律行业只是一件雷声大雨点小的事情。

　　我和我带领的无讼团队，对结合技术与法律的探索却从来没有停止过。我们一边深化认知，一边实践，再通过实践去反哺认知，指导实践。同时，我们也广泛地与行业内外的很多人沟通，去深入地了解律师的工作方式，了解技术为其他类似行业带来的改变，并且通过写作把思考固定下来。两年时间下来，我们对外发出的声音不再像此前那么多，却逐渐淌入了变革的深水区。

必须承认，在这个过程中，我们也时常面临沮丧。我们的业务经历过许多调整和优化。前一阶段的思考成果，很有可能在后面就被推翻。即使到了两年之后完稿的时候，回过头来看，仍然会觉得很多想法仍然粗浅。要让法律服务的互联网化从理想走进现实，绝对不是一件容易的事情。但也正是在这个过程中，我们对这项事业变得愈加坚定。

我们相信，法律服务的本质在于信息的传递和处理，组织法律服务的最佳方式则取决于何种形式的交易成本最低。当技术改变了信息创造和分享的方式，也就必将改变法律服务的状态和法律服务市场的组织逻辑。

具体而言，正如人类社会信息基础设施的发展从口语时代迈向文字时代、印刷时代、信息时代的过程中，法律知识逐渐爆炸，专业人士队伍因此产生和日益壮大，当大数据、人工智能技术具备了信息处理的能力，引领我们迈向智能时代，法律服务也将向自动化和智能化发展；当信息传递成本的降低使得通过互联网组织法律服务交易的成本低于通过传统律所组织交易的成本，从经济效率上说，传统律所模式将不再是组织法律服务的最佳方式。

无论具体的想法和业务实践有什么变化，我们都对这样的底层逻辑深信不疑。正是在这样的逻辑的指导下，我们持续在大的方向上探寻更加精准的切入点和变革点，为法律服务效率、品质和客户体验的提升创造价值。

这也正是我们用"变革的逻辑"命名这本书的原因所在。

很高兴两年来的课题研究成果终于付梓。由于平日里工作繁忙，只能在业余写作，即使有两年时间，完成十余万字的书稿仍然显得十分仓促。同时，我们的认知仍然尚待深化，疏漏之处在所难免，但是它仍然代表着我们在过去的两年时间里最真诚的思考，还请大家多多指教，多多包涵。

我们真切地期待变革的到来。我们始终相信，法律服务不应该是高门槛和神秘化的，普惠的法律服务是在法治社会中实现公平正义的必然要求，也是所有法律服务者和行业监管者的使命所在。我们应当顺应新技术背景下的行业发展趋势，探索用技术优化法律服务的各种可能，鼓励与支持积极的创新，而非拘泥于传统的律师工作方式、律所组织形式和行业监管规则。

我们也期待以这本小书，邀请更多法律人关注这一话题，参与有关法律服务创新与变革的实践，让更加透明、便捷、低成本、触手可及的法律服务早日实现。

目
录
Contents

Part 1
变 革 到 来

第一节　正在改变的时代

时代的车轮来到 21 世纪。不可否认，"互联网"越来越成为一个各行各业都逃不开的词。

它并不是一个新词。1994 年 4 月 20 日，互联网正式进入中国，并且在 1997 年之后迎来迅猛发展，网民数量基本以每半年翻一番的速度呈现爆发式增长。新浪、网易、搜狐等门户网站成为那个时代的宠儿，阿里巴巴、百度、腾讯也在那个时代成立并且逐步崛起。个人电脑迅速普及，人们开始发现，互联网连接了来自全球的信息，我们可以同全世界的人交流，偌大的地球因此缩小成了"地球村"。

但是，在那时，互联网对我们的工作和生活的影响仍然十分有限。当我们关掉电脑，离开家里或者网吧，互联网就几乎成了"与世隔绝"的另外一个世界。虽然互联网公司的发展风头正劲，但那毕竟只是一个新兴且范围狭窄的产业，仅仅提供电子信息、电子商务、软件开发等方面的产品和服务。

移动互联网时代的来临改变了这一切。互联网不再是一个单独的行业，而逐渐深度渗透到各行各业，这样一句预言也越来越变为现实："未来将不会有互联网公司，因为，所有公司都是互联网公司。"

移动互联网改变了通信。

最初的通信方式依赖于短信和语音电话。虽然在 PC 互联网时代已经实现了便捷高效的线上的即时通信，但这样的通信方式仍然以双方的在线为前提。当对方的状态为离线时，信息就无法通过互联网传递给对方，人们对传统短信和语音电话仍然极度依赖。

移动互联网彻底消除了在线与离线之分，只要在存在网络信号的地方，每一个人都会自动在线，随时随地的即时通信真正实现。短信和语音电话开始逐渐被微信、钉钉等移动互联网应用替代，它的收费基于流量，而不是旧有的短信数和分钟数，运营商的盈利模式发生了巨大改变。同时，在微信、钉钉等移动互联网应用上，还在通信在线化的基础上派生出了社交、购物、企业服务等应用。通信的在线化因此被赋予了更多可能性。

移动互联网改变了媒体。

过去，只有那些专门的内容传播机构才能被叫作媒体，无论是媒体还是媒体的从业者都需要相应的资质，他们垄断着整个社会的传播渠道，承担着为全社会提供内容的使命。

移动互联网带来的改变首先是从信息终端形式的变化开始的。手机等移动终端成了比报纸、杂志、电视等更便携的信息终端，吸引了人们大量的注意力。它们对人们的注意力的占据从碎片化时间开始，进而发展到，在整块时间的占有度上，传统媒介也并不一定具有优势。这意味着，报纸、杂志、电视等传统媒介不再是唯一的信息传播渠道，人们有了更多获取信息的方式。

而在移动终端上，信息的传播方式也发生了很大的变化。除了由信息传播者到信息接受者的单向传播，信息接受者的分享成为另外一种至关重要的传播方式，甚至决定了信息最终能够到达的传播范围。这也就意味着，是否有预先建立的传播渠道，比如说传统的电视频道、报纸发行渠道，对内容传播范围的影响并非是决定性的。内容本身是否足够打动人，才是内容能够被传播多远的决定性因素。

这其实也就意味着传播格局的变化。传统媒体在渠道上的优势渐弱，尤其是，借助于微信公众平台等自媒体平台，任何人生产的内容，只要能够打动足够多的人，都同样能够获得不输于传统媒体，乃至比传统媒体更广的传播度。

这又进一步带来了两个根本性的变化：第一，媒体行业出现了"执业泛化"，任何人都可以成为内容的生产者和传播者，记者和传统媒体对传播的垄断不再；第二，没有人能够再"自说自话"地做传播，如何打动受众成为内容生产者必须考虑的问题。

移动互联网改变了交通。

比如说，过去，当人们有用车的需求，只能在路边碰运气地等待出租车。移动互联网及 LBS 技术的出现让车辆和乘客的位置可以随时被知晓，从而在互联网平台上高效匹配人们的出行需求和车辆，Uber、滴滴就是最典型的例子。

这样的改变首先提高了交通的效率，乘客和司机都可以更从容地安排自己的时间。在公共交通领域，人们也可以预知车辆到达的时间，提前做出安排，盲目等待的时间被大大减少。

其次，这样的改变让交通领域也出现了执业泛化的现象。当互联网平台可以起到对司机进行资质审查的作用，当司机与乘客之间的信任能够通过互联网平台搭建的体系完成，任何拥有车辆和驾驶能力的人都可以提供出行服务，而不再依赖于出租车公司搭建的旧有体系。大量的社会闲置车辆资源因此被激活了。2016年 7 月 28 日，《网络预约出租汽车经营服务管理暂行办法》正式发布。这意味着这样的执业泛化现象从政策层面得到了认可。

"互联网 +"甚至被写入了国家战略。

2015 年 3 月 5 日，国务院总理李克强在《政府工作报告》中提出："制定'互联网 +'行动计划，推动移动互联网、云计算、大数据、物联网等与现代制造业结合，促进电子商务、工业互联网和互联网金融健康发展，引导互联网企业拓展国际市场。"

虽然这一段论述更多的是针对制造业展开，但是，李克强总理对"互联网 +"的意义的理解却并不局限于此。在同年 6 月的国务院常务会议上，李克强总理强调，有关部门的汇报材料中，推进"互联网 +"行动原来界定在一定领域内，但是，这些界定很难完全覆盖"互联网 +"的活力。这些领域，我们坐在办公室里很难想得到，更无法提前作出"界定"，要用发展的眼光看待"互联网 +"。"要推动传统行业与'互联网 +'结合，释放更大活力。"

当然，我们尤其应该注意到的是，对"互联网 +"的理解并不能局限在移动互联网本身。这个时代的其他新兴科技也是不容忽视的，比如说大数据、云计算和人工智能。当大数据、云计算和人工智能与前述传统行业结合，甚至可以带来更为深入的变革。

比如说，在媒体领域，当基于移动互联网的内容生产和分发与大数据结合，系统就可以自动搜集每一位用户的阅读数据，根据数据计算出用户的阅读偏好，为用户推送更多他们可能感兴趣的个性化阅读内容。这样，用户既省去了主动寻找内容的麻烦，又不必被动地接受由媒体推送的与己无关的内容，内容分发的效率和用户体验都大大提升，今日头条这样的新闻应用就是典型的例子。

更重要的是，许多原本仅仅依靠移动互联网的连接难以撼动的传统行业，也会因此出现越来越多的新变化，医疗行业就是典型的例子。

比如说，通过智能可穿戴设备把传感器模块、无线通信模块、多媒体技术嵌入人们平时穿戴的手表、手环、眼镜等用品中，可以随时测量和收集人体的各项生理指标数据，从而帮助医生获得连续的可追踪的患者健康数据，提高诊断的实时性和准确性，甚至为评估治疗效果、提供远程康复指导提供支持。比如说，当系统能够获取足够的医疗大数据，就可以通过对这些数据的不断学习，发展出医疗领域的人工智能，辅助医生进行诊断。

对于医疗这样的行业来说，通过移动互联网，把医生与医生、患者与患者以及医患之间连接起来，虽然能够起到信息交流的作用，在一定程度上减少行业中的信息不对称，但仍然说不上为这个行业带来了根本性的改变，互联网对医疗行业的整体影响有限。但是，当移动互联网与人工智能、大数据、云计算等新兴技术进一步结合起来，医疗服务的互联网化过程也就会明显提速，医疗质量和效率的提升也会更加明显。

当然，这并不是一个容易的过程，互联网医疗在发展过程中也面临着颇多瓶颈。但是，医疗服务行业目前存在的诸多痛点和对发展医疗行业的迫切需求意味着，医疗行业互联网化的动力是永久存在的。

同样的，当医疗这样极度复杂的专业服务领域都开始愈加深入地在互联网化之路上展开探索，互联网和这个时代的其他新兴科技对其他传统行业（包括法律服务行业）的影响也必然愈加广泛和深入。

第二节　当互联网遇上法律

"互联网会颠覆律师行业吗""未来十年是否还需要大所"等等，成为整个律师行业近年来持续热议的话题，围绕这一话题的讨论文章和论坛、沙龙等活动层出不穷。最终当然还没有定论，但可以肯定的是，互联网给律师行业带来的变化已经开始，这或许是这些话题受到广泛关注的重要原因之一。

客户找律师的方式正在发生改变，互联网正成为一些律师的重要案件来源渠道。

这样的改变在 PC 互联网时代就已经发生了。许多律师开通了个人博客或者个人网站，坚持写作有关专业问题的文章、办案手记等等，在博客或网站上发布。这样的内容增加了他们在互联网上被有相关法律服务需求的客户发现的可能性，同时也成为他们专业能力的有力背书。这成为许多律师在执业初期开拓案源的有效方式。此外，还有一些律师坚持在知乎等互联网社区积极发言，就法律专业问题持续发表见解，也起到了和个人博客、网站一样的作用，获得了大量案源。

律师的工作方式也在发生改变。在最初的阶段，这样的改变在很大程度上和移动互联网带来的通信方式的改变有关。

在微信刚兴起时，律师之间的许多工作上的交流都通过微信展开，许多律所和律师团队也都会建立专属的微信群。当接触到具体的案件或者项目，也会为之建立一个微信群，用于相关工作信息的发布与交流。无论是在办公室还是在家或者出差，每一位团队成员都能够随时了解案件项目的进展情况，团队成员有了任何新的想法，都可以随时通过微信群传达给团队其他成员。

除此之外，法律互联网项目层出不穷，试图在互联网上对接客户与律师，甚至直接通过互联网提供法律服务。

最早的法律互联网项目在十几年前就已经出现了，2003年成立的找法网，2004年的法律快车、中顾网、华律网等老牌互联网法律机构是典型的例子。它们的模式非常类似：一方面从线上免费法律咨询切入，以此作为导流的途径，吸引来大量可能有法律服务需求的人；另一方面则向律师提供广告位，通过收取广告费、会员费等方式盈利。它们还可以提供帮助律师建设个人网站的服务，作为律师"网络营销"的另一种途径。这类网站并不涉足服务本身，而是为律师提供在互联网上展示自己的渠道，更像是律师网络营销平台。

近年来出现的法律互联网项目则更多地以组织律师提供法律服务为最核心的目标。

有的法律互联网项目将自身定位在一个更狭窄的领域，比如说创业公司、中小企业，为它们提供工商注册、知识产权、财税社保、法律服务等方面的多元服务。这些服务甚至不完全是法律领域的，而是围绕着目标客户的多元需求设立，快法务、绿狗等都是典型的例子。与早期法律互联网项目不同的是，它们并不突出提供服务的律师的个人特点，而只是提供标准化定价的特定服务项目，比如说价值599元的合同代写和价值899元的合伙协议。

这样的互联网平台并不会向律师收取固定的广告费，而往往采取从律师收入中扣除一定比例的服务费的方式盈利。同时，这样的平台往往对律师提供服务的质量有一定要求，如果律师违反接单规则，拒绝为客户提供法律服务或为客户提供的法律服务不专业、不及时、不耐心，导致客户投诉并要求退费或要求更换律师理由成立的，律师将无法收到律师费。

有的法律互联网项目仍然致力于帮助客户寻找律师，并且通过案例数量、客户评价、同行评价、律师文集等数据为律师的能力评价提供支持。一些平台甚至会对律师服务过程进行一定的监督和提醒，为律师提供辅助的办案工具。

汉坤、天同、金杜、君合这样的传统律师事务所也推出了自己的法律互联网项目，参与到这场变革中来。

北京天同律师事务所孵化了"无讼"这样一个法律互联网项目，自2014年8月成立以来，已经建立起了一个包括超过75万法律人的专业社群，通过大数据刻画每一位律师的专业能力，并且依托于丰富的法律服务经验和强大的律师资源，为企业提供法律服务。

北京金杜律师事务所于2015年12月22日推出了由其孵化和支持的创业项目理脉。理脉平台致力于对中国权威司法数据和行业公开数据的系统挖掘整理，发现数据背后的逻辑关系，创建人与数据的深度连接，打造全新的法律互联网生态模式。目前，理脉可以以律所、律师、法官、法院、公司这几类主体为研究对象，基于公开的司法数据，做结构化数据的统计分析，如当事人、代理人、案由、审理年度等等。

2016年7月，北京君合律师事务所推出了律携，是一款专门为律师、从事法律工作的其他专业人士以及与法律业务有经常性交集的群体构建的一个实时、多向、高效、可信的在线网络移动平台，信息和交流移动平台，互助及工作移动平台。甚至，随着人数增多，范围扩大，律携将深化发展，比如对律师、律所的精准评价，律师资源线上线下垂直整合，法律服务及管理的IT工具和系统的开发及线上使用等。

法律服务行业的互联网化也引起了资本巨头的关注。2015年7月，腾讯领投赢了网，开始布局法律行业；2015年12月，支付宝城市服务开通法律服务窗口，免费提供法律服务；2016年4月，百度与部落网合作，发布律师直达号。法律服务越来越多地获得资本和巨头的青睐。2016 年 12 月，无讼宣布获得华创资本领投、IDG 资本跟投的 1.2 亿元 B 轮融资，创下当时法律领域的单笔最大融资纪录。

那么，互联网和大数据、云计算、人工智能等新兴技术究竟会为法律行业带来什么？

虽然互联网已经改变了通信、媒体、交通等生活与工作的方方面面，律师的工作和组织方式也已经出现了许多新的现象，这个问题的答案却仍然不明了。

毋庸讳言，法律服务确实是极其特殊的。

第一，法律服务涉及当事人的重大人身、财产权利，需要极大的信任才能把自身的法律事务委托给律师。但是，互联网能够建立的信任感肯定不如线下见面建立的。互联网即使起到了在线上配置法律服务需求与律师能力的作用，也只能是对小客单价的案件的配置，对于重大案件，当事人会更倾向于采取传统方式委托律师。

第二，法律行业是一个以人为本的行业，公司注册、商标注册等标准化法律服务仅仅是法律服务市场的一小部分。在案件的具体处理中，经验和感性、理性并存的法律人必然是不可缺少的。在法律工作上，互联网能够起到的作用有限，即使是人工智能，也无法拥有属于人类的同理心和经验，无法替代法律人的工作。

第三，大量的法律服务需要在线下完成。比如说律师的调查取证，需要因时间、人物、环境的不同而做出不同的取证方案，互联网则不具备这样的灵活性，取证质量也不能保证。比如说大量非固定格式化合同，需要律师全程参与实际谈判，多次磋商，反复修改，才能最终确定合同内容，这也是线上无法直接完成的。再比如说非诉讼项目，需要现场实地调查了解情况的案件，律师应进行尽职调查，如仅在互联网进行调查，不仅存在被虚假诈骗的可能性，更是尽职调查不尽职的体现。

基于此，有人认为，技术带来的实质性变化只有在好几十年甚至百年之后才会发生；甚至认为，极为特殊的法律服务不会被这个时代改变。

同时，我们也的确可以看到，虽然国内的法律互联网项目层出不穷，但是从整体上说，它们也还存在着五个方面的明显缺陷：

第一，对行业的影响还很弱。律师行业整体的信息化程度不高，律师线上工作的习惯还没有完全养成。通过互联网促成的法律服务交易只占到了整个法律服务市场极其微小的一部分，能够在线上完成的法律服务则更少了。传统的案源拓展方式和作业方式仍然是法律服务市场的主流。

第二，资本关注度不高。无论是互联网金融还是互联网医疗、互联网教育，这些领域的融资动辄几亿甚至十几亿，而在法律服务行业，投资寥寥无几，每一单的金额也很少。

第三，总体投入资源不足。一个明显表现就是，团队规模普遍不大，法律互联网复合型人才稀缺。而缺乏人力资源的支持，创业项目的进展自然也就相对缓慢。

第四，技术上的突破不多。一些创业团队甚至将技术方面的工作外包，试图仅仅通过搭建一个信息展示平台实现法律服务供需双方的对接，对于如何将法律服务本身与新兴技术更进一步地结合没有更多思考。

第五，项目模式单一。这一点在很大程度上是和第四点密切相关的。我们看到，目前绝大部分创业项目都集中在法律电商领域。但实际上，不管是互联网医疗、互联网教育还是互联网金融，它们的创业形态都是多种多样的。

无论如何，必须承认的是，技术正在不断进步，一场社会生活的全面线上化运动正在展开，律师行业的变化也正在发生，越来越多敏感的人已经投入行动。任何行业都不会是一成不变的。即使目前的传统法律服务模式并没有被真正撼动，新的技术也已经带来了无限的可能性。

当我们思考互联网及其他形式的科技创新将为法律服务行业带来什么样的影响时，仅仅着眼于现状，无论是法律服务的现状还是法律服务互联网创业项目的发展现状，都是远远不够的。我们必须弄明白，律师提供的法律服务的本质是什么？律师行业此前是如何提供法律服务的？互联网时代的新技术的本质是什么？它会使法律服务提供方式的哪些变量发生改变？变化后的法律服务是什么样的？

只有这样，我们才能回答，互联网到底会给律师行业带来什么样的影响。

盲目地排斥新技术，或者因为它目前发挥的作用还有限就小瞧它，是错误的态度。社会一直在发展变化着，未来的世界一定会与现在的不同。洞悉趋势是更好地迎接未来的机遇和挑战的正确方式，利用技术提供更好的法律服务是作为专业人士的律师的使命所在。

过去，我们一直谈律师的工匠精神的重要意义。在互联网时代，很多人将互联网与律师的工匠精神对立起来，甚至认为互联网时代的浮躁喧嚣必定会毁了律师的工匠精神。恰恰相反，律师的工匠精神不应该是对其他行业工作方式的照抄照搬，不应该是对已有工作方式的一味坚守，更不应该是老炮儿式的冥顽不化。精益求精是工匠精神的核心所在，而越是追求精益求精，就越应该尝试所有可能的方式，提供更加优质的法律服务。也只有这样，律师才能抓住互联网时代的红利期，更好地应对挑战。

机遇永远都属于有准备的人。尤其是对互联网时代的发展来说，互联网产品的发展都有明显的红利期。最早接触互联网的人，也就能最早在互联网上积累数据，获取用户，进而获取更多的数据。这样的数据会成为互联网上的资源分配的重要依据，进而帮助早期接触互联网的人获得发展上的良性循环。而一旦这个机遇期过去，互联网上的用户越来越多，要想拥有资源也就越来越难。只有及早地洞悉趋势，及早地在这个方向上尝试和努力，律师才能抓住难得的发展机遇，不在新一轮的变革中落后，甚至实现发展上的弯道超车。

对律师行业管理者来说，理解这一轮技术革命，洞悉律师行业的发展趋势也十分必要。

规范法律服务市场的秩序，促进律师行业的健康发展是行业管理最终目的所在。但是，技术的变化意味着，法律服务的提供方式会发生变化，原本对律师行业发展起着促进和引导作用的规则在新的背景下可能不再恰当。同时，技术的发展很可能会带来许多行业中此前没有出现过的新情况，需要及时制定新的规则加以引导。此外，技术很可能会为律师行业的管理方法创造新的条件，积极地利用这些技术，或许可以破解此前在律师行业管理中存在的一些难题，实现更为科学高效的管理。

毕竟，引导律师行业的健康发展是律师行业管理者的目标所在，管理方式、具体规则的制定都是实现这个目标的手段。当社会、技术等方面的背景发生变化，为了实现原有的目标，管理方式和具体的规则很可能需要发生变化。律师行业的管理者应该对这样的变化保持关注，及早应对，才能确保管理的手段和方法不会偏离管理的目标。

正如前中央政法委孟建柱书记在 2016 年 10 月面向全国百万政法干警的学习讲座中说："以大数据为代表的科技革命，不仅已改变我们所做的事情，而且将改变我们自己，改变我们认识世界、改造世界的方法。面对大数据，如果思想观念还停留在过去，就会落后于时代。"

这也正是我们今天思考互联网、大数据等新兴科技将会给律师行业带来什么影响的最大意义所在。

第三节　信息基础设施与交易成本

一、法律科技对法律服务提供方式的影响

提到对法律领域新兴科技的研究，最容易被想到也是最权威的就是牛津大学教授理查德·萨斯金（Richard Susskind）的著作《法律人的明天会怎样？》。在这本书中，萨斯金精辟地指出了信息技术对法律服务提供方式的影响，将其列为影响律师行业的三大因素之一。

他相信技术大潮对法律行业的冲击不可避免。它不仅会将"现有、低效的人工处理过程计算机化和流程化"，更重要的在于"以过去做不到的方式来从事法律业务"，甚至"彻底挑战和改变传统习惯。"[1]

具体来说，他认为法律领域至少存在包括自动文件组装、无间断互联、电子法律集市、电子学习、在线法律指导等在内的13种颠覆性的新技术。[2]

基于这些技术，用户可以获得在线的法律信息、法律指导甚至法律意见。只需要回答一些问题，用户就可以获得由系统自动生成的相对成型和定制好的文件初稿。在选择律师时，可以基于允许用户在线评论律师服务表现和水平的在线口碑系统进行。

　　1　[英]理查德·萨斯坎德：《法律人的明天会怎样？》，何广越译，北京大学出版社 2015 年版，第 23 页。该书将 Susskind 译为"萨斯坎德"，本书将其译为"萨斯金"。

　　2　见[英]理查德·萨斯坎德，前引 1，第 53–63 页。

　　基于这些技术，律师可以处于互联状态，也可以和志趣相投的律师组成社区，构建集体知识和经验的材料，仅供社区内律师使用。对于大量且重复性的法律工作，可以由工作流程系统来推动；对于更为复杂却不那么结构化的法律任务，项目管理系统可以提供更为标准化和高效的处理。此外，智能检索工具在审阅和归档大量文件方面的准确性和体系性都超过了律师助理和初级律师。

　　基于这些技术，纠纷解决可以通过互联网完成，律师的工作场景和工作方式都将大为不同。法律规则会深深嵌入各类和我们的社交和工作直接相关的系统和程序。比如说，除非先通过车辆自带的吹气酒精测试，否则车辆不会点火启动。规则被嵌入了车辆系统之中，此时也就不需要律师来提醒客户涉及法律问题的情况了。

　　此外，萨斯金还尤其注意到了这样两种新兴技术：一种是大数据，借助于它，可以揭示出过去我们不能发现的模式和关联，法律风险可以被更好地发现。另一种则是人工智能，它将大量储备结构化或非结构化法律资料，听懂用自然语言表述的法律问题，对问题中蕴含的事实进行分析和归类，得出结论和提供法律意见，甚至能用计算机模拟声音把法律意见表达出来。如果这样的技术得以实现，执业律师的世界和我们对法律过程的通常理解都会被彻底颠覆。

　　得出这样的结论的前提在于，萨斯金对法律服务的个性化进行了"祛魅化"的处理。在他看来，"把量身定制理解成法律服务的本质特征，这种假象太过于浪漫化，于事无益"。尽管他承认确实有些法律问题需要运用敏锐的法律头脑，手工定制解决方法，但是，"真正需要量身定制的法律工作远没那么多。而且，很多时候采用量身定制的家庭手工业方法，根本就是无视当今大批量生产和大规模定制技术，况且后者提供的服务更便宜、更优质"。[3]

而在今年理查德·萨斯金与丹尼尔·萨斯金（Daniel Susskind）合著的《专业人士的未来》[4]一书中，萨斯金更为深刻地指出了技术对法律行业产生影响的根本原因所在：律师是典型的专业人士，他们拥有平常人没有的专业知识、通过较高门槛获得的从业资质，以及清晰的行为准则和道德规范。他们承担着根据服务接受者的需求引用、解释和应用知识的责任。但是，这并非传递知识的唯一方式。

他提出了这样的假设并且深信不疑："实践知识被创造和分享的方式在很大程度上受到知识存储和交流的系统的影响。""这样的信息基础设施（information substructure）决定了实践知识的数量、复杂程度、来源、可得性和变化的频繁程度，也决定了什么样的人或者系统可以可靠地将它运用于人类事务。"信息基础设施的演进决定了专业知识生产和分发方式的变化。我们所熟知的专业服务模式不是自古就有的，当然也并非永远不可替代。

3　见 [英] 理查德·萨斯坎德，前引 1，第 34 页。

4　Richard Susskind, Daniel Susskind, *The Future of the Professions*, Oxford: Oxford University Press, 2016.

在萨斯金看来，人类社会信息基础设施的发展经历了四个时代：

1. 口语时代

在口语时代，人们完全没有"查找信息"的概念，所有信息都以口口相传的方式传递，传播范围也因此十分有限。尽管一些人可能拥有更好的记忆力，但是仍然不可能把大量的细节知识都存储在头脑里。这也就意味着，专业知识的数量和复杂程度都远远无法和今天的相比。

掌握专业知识的往往是社群里的年长者。他们积累了丰富的经验，并且拥有祖祖辈辈传下来的见解。他们并未形成正式的职业，也不会有任何力量把他们组织起来。这个时代的知识就这样存留在少数人的头脑里，代代相传。

2. 文字时代

文字和手稿出现的意义是革命性的，它们让人类的记忆能力得到了极大的提高。同时，由于可以明确地表达和记录知识，更精确和复杂的知识开始在全社会范围内传递。行话开始出现，专家们选择用它们来更便捷地沟通和记录思想，而不再使用行外人的语言。

但是，由于手写这一知识生产方式容易出现错误，并且需要花费大量的时间，知识传播的范围仍然很受限制。专家们虽然懂得概念和行话，但并没有接受专门的职业教育，相关职业也并未形成。

3. 印刷时代

15世纪中叶之后打印机和活字印刷系统的出现，革命性地改变了知识被生产、储存和分享的方式。从这以后，研究者们可以分享他们的发现和洞见。突然浮现的灵感也可以被捕捉和固定下来，以供后续查阅。印刷的纸张和书本可以很容易地被分发，这又反过来造成了被记录的信息在数量和复杂程度上的爆炸。

在这样的时代，虽然每个人都可以更容易地获取到信息，但是由于信息过于庞大和复杂，反而创造出了更多对专业人士的需求。专业人士的队伍变得庞大起来，可供识别的专家队伍渐渐在这样的环境下产生。

4. 科技基础上的互联网时代

信息技术和互联网共同改变了人们创造、查找和分发信息的习惯，在文字编辑器、打印机、互联网文件传输等设备的帮助下，大多数人都可以很便捷地生产高质量的文件。

但是，日益增加的创造、分享文件的能力并没有带来一个知识和经验更容易被所有人获取和理解的世界。互联网上的海量信息远远超出了非专家的理解能力，信息体系的复杂程度也大大加深。

不过，萨斯金强调，这样的时代并非真正的互联网时代，而只是从印刷时代向互联网时代的一个过渡时期。

所谓的"信息过载"，其实只是因为我们的信息接收能力和信息处理能力之间出现了巨大的鸿沟。而随着搜索引擎、大数据技术、人工智能等的发展，相对滞后的信息处理能力正慢慢追赶上来。在真正的科技基础上的互联网时代，这样的差距将被拉平，每个人既能获取信息，也能在技术的帮助下理解和运用这些知识。

在这个时候，专业人士的中介价值将大大减弱，许多曾经由专业人士承担的工作将交由经过基础培训的普通人甚至智能系统完成。

在这样的信息基础设施的变迁趋势下，萨斯金总结出了一条清晰的专业服务进化之路：

1. 手工定制

首先是手工定制阶段，专业人士被视作手艺人。他们拥有知识、耐心和专注，精心雕琢定制化的解决方案，就像在空白画布上作画的画家，像制作定制西装的裁缝。

2. 标准化

第二个阶段是标准化，通过模板、先例的应用省去一定程度的重复工作。

这又包括两种方式：一种是程序上的标准化，即通过核对清单、程序手册等标准指南提供程序上的标准指引；另一种则是实质上的标准化，即通过可重复使用的标准形式文件规范内容。

专业服务从手工定制到标准化的发展不仅是由减少成本的倾向推动的，这也可以帮助专业人士减少不必要的错误，保证工作的连续性，并且防止重复做工。更重要的是，它可以帮助提升工作质量:"当资深的专业人士联合起来确定标准的程序和材料,他们的知识精华就可以作为工具,帮助一般水平的专业人士做出达到顶级专家水平的工作成果。"[5]

3. 系统化

随着新技术的发展,专业人士会希望采取更加复杂的标准化方法,慢慢地也就会来到第三阶段——系统化。

尽管标准化已经通过可重复利用的纸质资料减少了任务量,但系统化则将更复杂的技术应用了进来,帮助人类专家工作,甚至在一定程度上替代他们。当然,在这一阶段,工具和系统仍然只是在专业人士和他们的组织内部使用,而不会直接提供给服务的接受者。

4. 外部化

而在第四个阶段,实践知识将被外部化,人类专家的实践知识将可以被非专业人士在线上获取,专业人士自身作为中介的意义将越来越弱。

一方面,目前的专业人士在内部使用的系统将向一般性的互联网用户开放。事实上, 一些律师事务所、会计师事务所、咨询公司已经将他们的一部分内部知识资源放在网上,客户甚至可以通过更复杂的系统,自助地创造文件。

---

5 前引 Richard Susskind, Daniel Susskind 书,pp.200–201.

另一方面，这也包括一些专为网上用户设计的系统，比如说网上学习系统、网上法律文件生产系统、健康建议系统、商业诊断系统。它们并非已经存在的系统的外部化，而是对迄今为止一直存在在专家头脑里的实践知识的外部化。

"总的来说，专业服务领域会经历两种并行的变化：一个由自动化所主导，传统的工作方式会被科技流水线化和升级优化；另一个则由变革主导，越来越多的智能系统会改变专业人士的工作方式，带来分享实践知识的新方式。"[6]

当然，萨斯金也指出，这样的进化不仅仅是由科技推动的。互联网时代信息基础的发展只是为系统化、外部化的发展提供了条件，市场对更高效率、更低成本的服务的需求才是推动专业服务沿着这个轨迹一直向前发展的主要动力。知识本身的非竞争性、非排他性、可积累性和可被电子化的特性恰恰也让这样的发展成为可能。

二、法律科技对律所组织形式的影响

进入 2000 年以来，美国的许多大型律所在经历了半个世纪的快速增长之后走向了解体或者破产。2008 年的金融危机让这样的现象更加明显。许多美国学者都开始思考，是什么造成了传统律所组织形式的不稳定？传统律所组织形式在今天是否仍然有其生命力所在？而在思考这样的问题时，法律科技对律所组织形式带

6　前引 Richard Susskind, Daniel Susskind 书，p.205.

来的变革也进入了学者们的视野。

在著名的"The Death of Big Law"一文中，美国伊利诺伊大学教授拉里·E. 利伯斯坦（Larry E. Ribstein）指出了传统大型律所模式面临的八大压力，由科技进步带来的大型律所规模优势的削弱正是其中之一。在过去，大型律所可以依托于人力和技术上的资源，从而降低在法律检索、文件存储和检索等方面的成本。但是，电子化的法律检索、快速互联网连接和降低的信息储存和检索成本等等，削弱了大型律所的规模优势，小型律所也能够以更低的成本获取相应的服务。[7]

此外，斯坦福大学研究员伯纳德·A. 伯克（Bernard A. Burk)和圣地亚哥大学教授大卫·麦高恩（David MacGowan）在联合署名的一篇论文中，借助科斯和熊彼特的经济学理论分析了科技将对律所组织形式带来的影响。[8]在科斯看来，公司之所以形成，是为了降低交易成本。公司的边界是由内部协作成本与市场交易成本的相对大小决定的。因此，对于公司提供的每一个产品和服务来说，公司会根据成本来决定是自己生产还是向第三方购买。

从这样的视角来看，大型律所的崛起在一定程度上可以解释为，它可以生产和整合提供高端法律服务所需的所有技能。和客户分别向律所采购法律分析、交易谈判等服务比起来，这样的

7　Larry E. Ribstein, "The Death of Big Law", *Wisconsin Law Review*, (3)2010, p.761.

8　Bernard A.Burk and David MacGowan, "Big But Brittle: Economic Perspectives on the Future of the Law Firm in the New Economy", 2010, available at http://works.bepress.com/bernard_burk/1/.

"一站式"服务能够为客户提供更低成本的服务。当然,这也意味着,当公司的内部法务能够以更低的成本,自助地为每一项法律服务寻找到合适的律师,律所起到的辅助客户寻找适合的外部律师,提供"一站式"服务的价值就更低了。

科技进步带来的信息创造和维护成本的降低恰恰起到了这样的作用。它带来了数据的大爆炸,客户和律所储存和检索信息的成本都大大增加,从而需要更多人手来组织这些材料。因此,律所往往会利用技术来处理电子信息的爆炸,同时能够实现大规模储存、检索、编辑、操作、信息处理的电子数据库、解决方案软件会应运而生。只要有适当的训练和指引,没有受过完整法律教育,不是典型精英律所律师的人也能完成这样的任务。这些技术会带来这类法律服务的流程化和商品化。同时,由于文件和数据库是以电子信息的形式被储存在云端,任何人都可以通过互联网,接入这样的信息。

这就带来了法律服务在供给端的三种变化趋势:第一种是下放(downsourcing),也就是说,让资历和层级更低的律师甚至非律师员工完成工作;第二种是内收(insourcing),即许多重复性和例行化的文件和信息项目将交由公司内部的法务完成;第三种是外包(outsourcing),即客户会开始依赖于律所之外的第三方法律服务提供机构来完成外包的法律服务。这些法律服务机构往往拥有在利用相关信息技术方面的技能,能够监督拥有法律知识的员工完成基本的文件处理工作。这样的公司往往位于菲律宾、南非、印度这样的国家,人力成本往往比由大型律所律师来完成工作的成本低很多。

这样的技术对律所规模产生了两方面的影响：一方面，律所内部的交流和协作成本大大降低。无论律所规模过去在何种程度上受限于规模的不经济，技术允许律所在比过去更大的范围和规模上更高效地运转。另一方面，成本的降低同时使得更小规模的律师团队能够享受到规模经济的好处，从而提供更加复杂的法律服务，而不必承担随着规模增加而带来的成本增长。这使得小规模的律师团队可以离开大型律所，建立起他们自己的"商店"，而只需要承担极少的文件实体储存的成本以及提供服务的成本。而在提供服务时，文件搜集与检索这类人力密集型任务的下放、内收和外包也使得小型律所团队可以在更复杂的业务上与大型律所展开竞争。

事实上，由于小型律所的律师之间能够更好地相互监督，小型律所可能会更加受到客户的青睐。

这些研究提供了很深刻的洞见，尤其是萨斯金对于信息基础设施的演进对实践知识生产、储存和应用方式的影响的研究，应该说切中了法律服务的要害。但是，这些研究大多以一个视角切入，系统性的思考不足。除此之外，国外法律服务市场与中国法律服务市场的发展阶段不同，技术扮演的角色和起到的作用也不尽相同。在国内，"互联网＋法律"一度成为行业热门的话题，也有很多评论性文章出现，但总的来说较为零散。本书的研究希望弥补这一领域的不足，基于中国法律服务提供方式和新兴技术将带来的影响做出系统性分析。

　　我们的研究将建立在萨斯金提出的"信息基础设施"理论的基础之上。我们将法律服务的核心视作实践知识，研究传统的法律实践知识生产、储存、传播方式和它对法律服务提供方式、法律服务提供者的组织形式的影响，并且分析新兴科技在何种程度上改变了法律实践知识生产、储存、传播的方式。

　　为了更好地理解法律服务方式，尤其是像律师事务所这样组织提供法律服务的机构在未来的变化，我们将引入科斯的交易成本理论，作为分析的基础。

　　所谓交易成本理论，是美国经济学家罗纳德·科斯（Ronald H. Coase）在《企业的性质》[9]一文中提出的经典经济学理论。这篇文章写于 1937 年，不过短短万余字，科斯却因此获得了诺贝尔经济学奖，同时开创了一个经济学的新分支——交易成本经济学。这成为后来的新制度经济学的起点，深刻地影响了二战后世界经济学领域的发展。

　　要理解这个理论的意义，我们首先需要从亚当·斯密（Adam Smith）发表于 1776 年的《国富论》说起。在这本书中，亚当·斯密提出了一个重要的结论：劳动分工和市场交换会带来经济繁荣。但是问题在于，既然市场是繁荣的原因，为什么还会有企业呢？为什么不是每一个个体依靠市场的价格机制推动经济的发展呢？

　　在《国富论》发表之后，直到科斯提出交易成本理论之前，这个问题在学界其实没有人研究。而这个时期，恰恰是公司起源

9　参见 [美] 罗纳德·科斯：《论生产的制度结构》，盛洪、陈郁译，生活·读书·新知三联书店上海分店 1994 年版，第 1–24 页。

和繁荣的过程。1837 年，美国康涅狄格州第一次允许私人以股份有限公司的形式投资铁路。自此之后，公司这种经济组织形式得到了长足的发展。在不到一百年的时间里，就出现了第一家市值超过 10 亿美元的公司，也就是 1901 年的美国钢铁公司。可以说，公司是工业革命之后，人类在组织领域最大的创新，也越来越成为一种不可忽视的经济现象。

在《企业的性质》一文中，科斯终于对前面的问题给出了答案："市场的运行是有成本的，通过形成一个组织，并允许某个权威（一个'企业家'）来支配资源，就能节约某些市场运行成本。"

在科斯看来，企业和市场其实都是经济组织的组织方式。企业的运作依赖于看得见的科层制，会付出内部管理成本。市场的运作则依赖于看不见的价格机制，会付出外部交易成本。当外部的交易成本大于内部管理成本，企业就是有必要存在的；当外部的交易成本小于内部管理成本，企业就没必要存在了。

所以，科斯不仅指出了企业的性质是什么，更指出了企业的边界是什么，其核心正是在于内部管理成本和外部交易成本之间的比较。

从这个意义上说，就法律服务而言，当法律服务由律师事务所来组织的交易成本低于在市场进行交易的成本，律师事务所的存在是有价值的，甚至可以为了实现交易成本的进一步降低而扩大律所规模，把更多可能需要通过市场才能完成的交易囊括在律师事务所内部。但当律师事务所组织交易的成本高于在市场交易的成本，律师事务所的扩张就没有了价值，甚至需要进行相应的规模上的缩减，让原来由律师事务所实现的律师能力交易转而由市场完成。

在这样的思路下，我们将全书的内容分为六章：

第一章，我们交代了全书写作的背景和我们想要回答的核心问题。在互联网已经深刻改变许多传统行业的今天，律师行业将会走向何方是一个值得关注的问题。这个问题的关键就在于我们对法律服务的本质的理解，以及对新兴科技对这样的本质意味着什么的判断。

第二章，我们将研究目前法律服务的主要提供方式和律师行业的现有格局，并且分析背后的原因所在。这样的分析将从市场、作业、组织形式三方面切入，分析目前中国法律服务市场在客户律师对接、法律服务提供和律所组织形式上的典型特征。

第三章，我们将系统性地研究深刻影响当今时代的几项新技术——移动互联网、大数据、云计算和人工智能，分析它们对信息的生产、传播、储存和应用带来的影响。

第四章，我们将分析新技术对律师行业的变革作用。这样的变革将是全方位的，无论是客户寻找律师的方式，律师学习专业知识和利用专业知识提供服务的方式，还是律师事务所的组织形式，都将因此被改变。

第五章，我们将审视互联网时代律师执业监管方式的变革。当法律服务的提供方式面临改变，也意味着相应的执业监管规则面临调整。如果采取旧有的规则，可能会束缚法律服务市场的技术创新，也无法真正对法律服务市场的运作起到很好的调节作用。

事实上，未来，无论是监管对象、监管方式还是监管规则，都需要有更多适应时代发展的创新。

第六章，我们将关注律师行业在技术推动下的进步和它将为中国的整体法治状况带来的改善。技术将大大提升法律服务的整体效率，同时让法律服务整体标准化程度更高、服务标准更明晰。这也将大大降低普通民众获取法律服务的成本，让优质可信赖的法律服务更加触手可及，法律服务市场的规模也会因此扩大。

Part 2

中国法律服务的底层逻辑

第一节 成长中的中国律师行业

中国律师行业是一个还很年轻的行业。"1980年8月26日，全国人大常委会颁布《律师暂行条例》，正式开始重建销声匿迹20多年的律师制度。"[10] 但是，在这个时期，律师被定义为"法律工作者"，由国家给予事业编制，经费实行行政包干。这样的制度不利于调动律师队伍的积极性，很大程度上限制了律师队伍的发展。[11] 直到1988年律师业改制之前，我国律师的总人数还不到3万人[12]。

1988年，为了适应涉外业务中的全球化需求，司法部开始试验新的律师事务所组织形式。从1988年开始，北京、深圳等几个大城市出现了合作制律师事务所，这些事务所并非由国家出资，而是遵循"两不四自"的原则（即不占行政编制、不靠财政经费、自收自支、自负盈亏、自我发展、自我约束），由所内律师出资设立，以该律师事务所的全部资产对其债务承担责任。自此，中国

10　刘思达：《割据的逻辑：中国法律服务市场的生态分析》，上海三联书店2011年版，第18页。

11　申欣旺：《中伦的秘密》，中信出版社2013年版，第8页。

12　参见中国法律年鉴编委会：《中国法律年鉴（1987–2007）》，转引自刘思达，前引10，第19页。

律师业开启了私有化改制。[13]

合作制激发了法律服务市场的活力。尤其是 1992 年邓小平南方谈话之后，律师和律师事务所的数量都开始大幅增长。除了传统的诉讼业务之外，金融证券、房地产、投资、并购、仲裁、知识产权等新兴业务也逐渐开始出现。

但是，合作制的问题也同样存在。它的法律性质并不清晰，每位参与到合作制律师事务所的律师都是合作人，吸收一个律师，所有的资产就会被摊薄。同时，律师的能力有高有低，但合作制下平等分摊地按份所有，仍然会带来分配上的不公平。[14]1990 年代中期，在国家政策的引导下，大多数国办所和合作所都开始重组为由全体合伙人对债务承担无限连带责任的合伙制律师事务所，这也是我们今天大多数律师事务所采取的合伙制的源头。

从这个意义上说，中国律师行业是十分年轻的，合伙制的律师事务所更是只有不到 30 年的历史。但是，中国经济在过去 30 年的增长为律师行业带来了大量的法律服务需求。事实上，律师事务所的组织形式之所以完成由国营所到合作所，再到合伙所的改革，在很大程度上也正是为了回应中国社会日趋多样化和复杂化的法律服务需求。

从律师的人数上可以看到，30 年来，中国律师人数保持了高速增长。尤其是最近 10 年，我国律师人数保持年均 9.5% 的增速，以每年 2 万左右的速度增长。截至 2017 年底，律师事务所达到

13　刘思达，前引 10，第 21 页。

14　参见申欣旺，前引 11，第 29—30 页。

2.8 万多家，保持年均 8% 左右的增速。律师服务领域由传统的诉讼事务为主发展到诉讼、非诉讼事务并重，由国内业务为主发展到国内、涉外业务并举。从一般律师事务所到金融、房地产、知识产权等专业化律师事务所和执业律师上千人的规模化、国际化律师事务所，律师业务在不断细分，规模在不断发展。[15]

从行业管理上来看，行业的管理规范也日益完善。1996 年 5 月，新中国第一部《律师法》正式颁布，并于 1997 年开始实施。2008 年以来，司法部和中华全国律师协会先后制定出台了《律师执业管理办法》《律师和律师事务所违法行为处罚办法》《律师执业行为规范》等 30 多件覆盖律师业务各领域、执业活动各环节的部门规章、规范性文件和行业规范。

但是，律师行业发展的不均衡也愈加凸显出来。

从规模上看，根据 2013 年的官方数据，30 人以下的律师事务所有 19 043 家，占律所数量的 92%。30 人以上的大型律师事务所占比仅为 8%。其中，101 人以上的律师事务所只有 95 家。也就是说，中小规模的律师事务所占了律师行业的绝大多数。不过，值得注意的是，从 2007 年以来的数据看，30 人以下的中小型律师事务所的比例由 95.3% 降到了 92%，30 人以上的大型律师事务所占比则由 4.7% 上升到了 8%。大型化是律师事务所明显的发展

15　法制日报："我国执业律师人数已突破 30 万"，载法制网，http://www.legaldaily.com.cn/zt/content/2017-01/09/content_6955672.htm?node=85047，2018 年 3 月 1 日最后访问。

趋势。[16]

在收入上，律师行业有着明显的"二八定律"。行业的大部分收入集中在东部发达地区，西部地区的法律服务市场则相对薄弱。80% 的业务拥挤在 20% 的资深律师手里，80% 的律师在抢剩下 20% 的业务，其中大多数是青年律师。

在管理模式上，无论律所规模大小，大多数律所都采取了松散的管理制度。律所几乎无门槛地欢迎律师挂靠。挂靠律师向律所交纳一定比例的管理费用，律所就可以提供办公场所和必要的作业手续。律所几乎不会介入律师的业务，同一家律所内部的律师之间也很少有制度性的业务交流与合作。只是在小规模的律所内部，由于人员互相之间比较熟悉，偶尔会有业务上的讨论，或者是直接的合作。在大规模的管理松散的律所里，人与人之间的关系则更为淡薄，律师之间少有交流。只有少部分律所会采用被称为"公司制"的管理模式，律师的收入不完全与个人业务量挂钩，律师转介给其他律师的收入也会计入律师的创收贡献，同时也会考虑律师为律所公共事务所做的贡献。这样的管理模式会更制度性地鼓励律师之间的合作，同时也会为律所的公共事务投入更多资金。但是，采取类似制度的律所只占很小的比例。虽然有部分律所在试图向"公司制"的方向转变，但总体来说成功的并不多。

总的来说，相较于西方国家的成熟律师行业和法律服务市场，

16　参见《中国律师年鉴》，转引自罗天："我国律师业职业化进程危机——以'人的模式'为分析进路"，云南大学 2016 年硕士论文。

中国律师行业还存在着明显的差距。

英国早期的律师制度大约出现于 12 世纪后期，其原因主要在于英国封建王权的确立、英国普通法的形成与发展、英国司法制度的改革、令状制度的大力推行及其引发的对于法律专业人士的需求、英国法院的主导和推动等等。[17]

美国律师行业的产业化从 20 世纪中期就已经开始。在过去，一个年轻的律师助理会首先从法学院进入律所，在若干年后升为合伙人，然后一直在这家律所工作，直到退休。律师离开律所或者没有成为合伙人的情形都是极其罕见的。在律师的能力上，大多数律师只有广而不精的法律技能。

在 1950 年代到 1970 年代，为了更好地服务于大型企业，律师事务所开始意识到律所组织的重要性。整个 1950 年代，美国都处于二战后的经济繁荣期，商业经历了前所未有的增长。律师事务所急于对这些新业务做出回应，开始不断扩张，希望从新业务中获得利益。在 1950 年代之前，一家律师事务所拥有超过 20 名律师就是极其罕见的。随着为了适应主要的美国公司的快速成长而进行的律所扩张，美国律师事务所的组织开始发生重大改变。无论是律师事务所的"金字塔"[18] 结构还是按时收费体制，都是从这个时期开始逐渐建立的，律师的分工也逐渐精细[19]。

17　郭义贵："论英国早期的律师制度"，载《法学评论》2008 年第 1 期。

18　即较高的律师与合伙人比。律师与合伙人，乃至合伙人内部的层级分化开始明显，律师成为合伙人的概率开始降低，律所的更多收益向合伙人群体集中。

19　参见 [美]Harrison Barnes 著，吕林愿译："从孤立作坊到法律产业：美国律所的'工业革命'是如何发生的?"，载无讼阅读 APP，发布于 2015 年 9 月 1 日。

　　根据美国律师协会 2016 年的统计数据，美国律师人数达到
130 万人[20]，在美国 3.14 亿的总人口中，相当于每 240 人就拥有一
名律师。而在中国，13.7 亿人口中只有 30 万名律师，相当于每
4500 人才拥有一名律师。

　　在美国，截至 2015 年，律师行业总创收为 4370 亿美元，约
合人民币 3 万亿元。[21] 而在中国，2015 年的律师行业总创收只有
679 亿元。虽然人们往往把中美法律服务市场的差距归结于中美
经济发展水平和民众法治意识的差异，但是，美国目前的 GDP
其实只是中国的 1.7 倍，中美法律服务市场规模的巨大差异是无
法仅仅用法治意识的差异来解释的。这从侧面说明了，中国法律
服务市场和中国律师的整体法律服务水平还远未成熟。

第二节　法律服务的获客、服务与组织形式

　　在思考新兴科技将会为法律服务带来的改变之前，首先应该
明晰传统的法律服务是如何提供的。

　　就法律服务本身而言，我们可以从律师提供服务的视角，将

　　20　参见美国律协官网公布的统计数据，http://www.americanbar.org/resources_
for_lawyers/profession_statistics.html，2018 年 3 月 1 日最后访问。

　　21　参见 Thomson Reuters，"How Big is the US Legal Services Market"，载 http://
legalexecutiveinstitute.com/wp-content/uploads/2016/01/How-Big-is-the-US-Legal-
Services-Market.pdf，2018 年 3 月 1 日最后访问。

它分为市场、作业两大模块。前者是关于律师如何获取服务机会，和客户建立联系，后者则专指律师针对客户的具体问题，通过各种方式确定解决方案，并最终提供服务的过程。

除此之外，我们还需要观察律师是如何被组织起来的。组织形式对律师的市场拓展和生产方式都有很大的影响，在讨论市场和生产两大模块时，我们需要根据不同的律师组织形式做分门别类的探讨。因此，除了市场和作业之外，我们还需要跳出单次法律服务提供的视角，考察不同律师组织形式——各种不同类型的律师事务所和律师团队中，律师彼此之间的关系和律师与组织之间的关系，以此形成对法律服务市场的整体理解。

为此，我们广泛搜集了行业内的公开资料，也对律师进行了补充访谈。根据这些内容，我们对传统法律服务提供方式做了如下梳理：

一、市场：律师是如何获得服务机会的？

在中国绝大多数的律师事务所里，获客的责任完全由律师承担，每年能够带来多少创收是许多律所接纳和评价合伙人的重要指标。虽然许多律师事务所也会成立自己的品牌或者市场部门，但这些部门很难发挥实质性的作用。对律师而言，律所能够提供的案源十分有限，主要还是需要依靠自己的努力。对律师来说，常见的寻找案源的方式有如下几种：

1. 人脉关系

许多律师都试图通过扩大人脉圈子获取更多案源。不少律师都提到,"多参加聚会、结交朋友,出席公共场合"是重要的拓展案源的方式。除此之外,也有人指出,"在自媒体如此发达的今天,每个人的朋友圈就是一张庞大的关系网,利用自媒体宣传自己,达到拓展案源的目的"。此外,微博、QQ、微信这样的互联网工具也被认为是接触目标客户,和他们建立联系,获取更多展示专业能力的机会的有效方式。[22]

除此之外,原有客户的转介绍也属于扩大化的熟人网络的一种。但是,这种案源获取方式对律师提供法律服务的能力有更高的要求,需要律师为客户提供更好的服务。许多律师表示,在有较多的执业经验之后,这种方式成为他们开拓案源的主流方式。

还有一种重要的人脉关系是与合作机构的关系积累。尤其对于与资本市场相关的典型非诉讼业务而言,律师的获客在很大程度上依赖于券商、会计师事务所这样的渠道。在新三板、上市等业务中,券商起着主导性的作用,也是企业在第一时间会联系的对象。因此,律师的获客许多是通过此前合作的券商的介绍。

2. 同行关系

同行关系其实是广义上的人脉关系。对一些律师来说,律师

22　参见言格:"青年律师拓展案源的八个小贴士",载无讼阅读 APP,发布于 2016 年 7 月 16 日;晋银涛:"律师如何运用互联网拓展案源?",载无讼阅读 APP,发布于 2015 年 4 月 7 日。

同行的业务转介也占到自身业务来源的很大部分。"不同地域、不同专业的律师往往就是一种无形的资源，借用别人的能力来提高你服务客户的能力，共享案源，其实也是一种最大的拓展案源，正所谓'有舍有得'。"[23]

一些律师也会因为这样的原因而积极参加律协组织的各种培训。除了学到知识以外，认识合得来的同行，争取后续的合作机会，也是参加培训的重要目的之一。

另外一种重要的同行关系在律协。各地律协往往设有各个领域的专业委员会，成为这些委员会的委员甚至担任主任、副主任是律师在行业内影响力的标志。当律师需要寻找某一领域的专业律师转介案源时，常常也会通过律协进行筛选，在专业委员会的任职就会成为获客的有利条件。

3. 通过线上线下展现专业能力

一些律师会选择通过纸媒和电视推广自己。这样的推广往往不是直接的广告，而是通过就法律问题接受采访，从侧面体现自身的专业能力。如果能在一些备受关注的大案要案和热点法律事件上发声，无疑也提升了律师的曝光度。

除此之外，潜心学习某个领域的业务知识，再通过出版专著、为潜在客户群体开办讲座、宣讲会等方式展现出来，也是律师们常用的通过展现专业能力获取案源的方式。

23　法律人何："有了这么多途径，年轻律师为什么还抱怨寻不到案源"，载无讼阅读 APP，发布于 2015 年 6 月 1 日。

互联网为律师带来了更加便捷的展现自身专业能力的渠道。许多律师通过在博客、微信公众平台等自媒体上持续不断地发表专业文章，获得了越来越多客户的关注和认可。另外，一些互联网社区和专业讨论群的出现也为律师提供了展现自身专业能力的平台。这样的平台往往已经聚集了大量的潜在用户，律师在这类平台上的发声也就更为精准有效。

4. 陌生拜访

这类拜访往往是针对中小企业的。在律师执业初期，人脉资源和客户积累都十分有限，一些律师会选择以这样的方式，拓展原始客户。

5. 切入法律服务需求高发场景

有律师会时常去仲裁机构，公、检、法，交通管理等部门坐坐，拓展案源。除此之外，还有各区县看守所、劳动仲裁委员会、医院医务科、交通事故审理队、社区事务受理点等等，这些地点被认为是法律事务发生的一线，有较大的出现法律服务需求的可能。律师只要"主动去附近走走看看，或许发几张名片就会有意外的收获"[24]。

---

24 法律人何，前引23文。

6. 从互联网上找案源

许多律师都建立起了自己的个人网站，通过在网站上展现个人简介、执业动态、精彩辩词、办案手记、媒体报道等内容，让客户了解律师的专业能力，从而建立信任。这样的网站既可以用作向客户自我介绍时的翔实资料，网站本身也可以成为吸引流量的一种渠道。一些律师还会有针对性地通过百度为自己的个人网站做推广，通过研究搜索引擎优化的相关规则获取更多流量。

除此之外，也有一些互联网平台得到了律师们的注意。律师会在线上回答当事人的免费咨询，回答得多了，也会有更多被当事人聘用的机会。但是，由于提问的当事人常常并不一定有付费聘请律师的意愿，而且在线上回答问题的律师也很多，因此从咨询到委托的转化率有限。除此之外，一些互联网平台也会为律师提供推广的机会，只要律师支付一定的费用，就可以让律师的信息出现在页面中比较显著的位置，或者直接为律师推荐案源。

有律师坦言，虽然从互联网平台上获取的案源不多，但已经能够覆盖他们向网站支付的成本。因此，即使通过互联网的获客数量不多，也并非这些律师的主要获客途径，他们还是坚持使用这样的服务作为补充。这也可以解释，为什么这类法律电商平台在律师行业中颇受争议，它能带来的有效法律服务需求有限，却能够从十几年前出现以来坚持运行至今。

不过，值得注意的是，律师获客之后并不一定直接由该律师提供法律服务，而可能发生法律服务提供者的再度转移。

一些转移是基于法律服务需求的难易程度。比如说，对于有一定执业年限的律师而言，案源相对较多，有一些案子是不那么想做的。因此，律师往往会找所内较年轻的律师合办案件，甚至完全把案件转交给其他律师来做。又比如说，一些律师接到了较为复杂的法律服务需求，这样的服务是他自身能力不足以提供的，他便会把需求转移给专业能力更强的律师。也有一些转移基于业务领域：当熟人介绍来的案源并不是自身业务领域的，一些律师也会在律所内打听哪些律师比较擅长做这一类案子。

对于转介案源的律师而言，把案源转介给所内的律师还是所外的律师并没有太大的区别。更多的时候，律师还是根据熟悉程度和方便程度来判断。转介案源时，律师的首选应该是自己比较熟悉的合适的律师，如果没有，则会通过律所内部寻找。

一些律所为了促成内部的案源转介，设置了特定的机制。比如说，有的律所会强制律师划分自己的专业领域。在这些律所里，律师必须向律所申报自身所在的专业领域，如果律师接到的案源与其申报的专业领域不符，就无法办理正式的代理手续，而必须把案件转交给其他相应专业领域的律师，或者和其他律师共同办理。而为了在这样的机制下获得更多机会，律所内部的品牌塑造也受到了律师们的重视，比如说，针对自己代理的案件在所内开分享会，组织相关所内研讨会等等。

虽然往往并非主要来源，但律所层面也会获得一些案源机会。比如说，在律所附近工作和生活的人们有了法律服务的需求，直接造访律所前台；律所以自身名义在百度推广上投放广告，引来一些法律服务需求；当互联网时代到来，一些律所建立了自身的网站、微信公众号，通过打造自身的线上形象引来一部分客户。

除此之外，一些律所之间会结成正式的联盟关系，尤其典型的是有着自身明确专业化定位的律所之间的合作。由于彼此专业定位不同，这样的合作并不会有竞争客户的担心，相反，联盟的律所之间可以以自身不同的专业能力，共同地服务于客户。对于加入这些联盟的律所而言，这样的合作不仅是获取客户的渠道，同时也是提升服务客户的能力，更好地黏住客户的方式。

对于大多数律所来说，由于律师关系零散，律所公共支出有限，只有少量的费用用于打造律所在线上、线下的品牌。但律所凝聚力越强，用于律所整体品牌打造的资源越多，就能取得越好的效果。这种效果最直接的表现就在于，会有越来越多潜在客户直接与律所取得联系，由律所分配服务资源。而律所层面可以获得更多的客户资源，律所自身的凝聚力也就更强，从而可以打造更强的律所品牌，形成律所这一机构发展的良性循环。但总体来说，这样的循环尚未成为行业内的主流模式。

当然，获客的方式也与客户选择法律服务的方式息息相关。对于个人客户和小企业客户而言，选择律师的方式较为简单，往往是在法律服务需求出现时才会开始和律师建立联系。

大型的企业倾向于建立自己的律师库，当有案件出现时，会从律师库中选择若干律师，提供初步的案件材料，邀请他们进行招投标。

进入企业的律师库相对简单。企业往往会对进入律师库设置一定的标准，比如说团队规模、执业年限等等。只要满足这类基本的条件，并且和企业建立起联系，就可以进入企业的律师库，获得招投标的机会。可以说，在大企业的法律服务中，进入律师库成为获得法律服务机会的前置环节。

当客户找到律师，表达初步的法律服务意向，并不意味着客户当然会聘请律师提供服务。对于相对标准化、可预期的法律服务而言，比如说常年法律顾问服务，律师往往事先有明确的报价，客户可以直接就是否购买服务做出判断。但是对于大多数法律服务尤其是诉讼服务而言，律师需要就法律服务需求一事一议地给出报价。许多谨慎且律师资源较多的客户，也会选择在多个法律服务提供者之间进行比价挑选。

谈判过程在其中起到了重要的作用，它成了一个漏斗，能够经过谈判环节，进入到法律服务提供过程的案源机会只占了一小部分。所以，我们有必要对谈判环节进行单独的考察。在这一部分，我们主要以诉讼服务为分析对象。

一般而言，在客户有初步的服务意向之后，客户会把基础的案件材料发给律师，律师则在初步阅读案件材料、检索相关法律规定之后，对案件的走向做出初步判断，给出报价方案。报价方案往往根据这样三个主要的因素考虑：案件难易程度、客户付款能力、竞争对手可能的报价情况。客户会综合情况选定律师，当然，也不排除客户在确定律师之后进一步议价的可能。

就律师费的高低而言，虽然各地律协都给出了参考收费标准，但是在实践中，律师收费高低不一。对于类似的法律服务，不同律师给出的报价可能会有相当大的差异。这样的差异常常让客户觉得难以判断何种报价更为合理。对律师而言，很多时候也很难把握合适的报价范围，最终的报价存在很多的不确定因素。

并不是所有进入谈判阶段的客户机会都能转换成最终的合作。对许多企业尤其是大企业而言，往往倾向于同时联系多位律师，让他们分别给出报价方案。企业比较之后，筛选出最优的服务提供者。有律师表示，谈五个案子，能有一个进入最终的合作阶段就不错了。

一旦确定正式的合作意向，客户会与律师签署正式的合作协议。根据规定，律师需要以律师事务所的名义与客户签订委托代理协议，并且由律师事务所盖章。这样的动作决定了律师必须挂靠在律师事务所执业，否则律师无法和客户签订合法的委托代理协议。

二、作业：律师是如何应用法律知识提供服务的？

所谓作业，即是律师真正提供法律服务的环节。

法律服务的基本过程主要包括三个环节：律师首先需要了解客户的需求和期待解决的问题，然后搜集相关方面的信息、材料和法律依据，最后做出相应的判断，据此提供相应的服务成果。一般而言，法律服务中对客户需求的了解都依赖于律师与客户的面对面沟通；资料搜集和做出判断，则往往通过在书本和互联网上查阅资料，并结合自身的经验判断实现。律师在某一个领域积累的经验越多，就有越多的知识储存在脑海中，便可以花相对更少的时间在查阅基础资料上。法律服务的成果常常体现为口头的意见、书面的文本或者代理参加诉讼的全过程。这样的成果常常是基于客户个性化需求的专门解决方案，而少有内容是面对各类客户都可以交付的通用产品。

总体而言，法律服务的线下性特征比较明显。简单的线上交流常常很难帮助律师了解复杂的客户情况，沟通法律服务进展。很多时候，律师需要出差赶往各地去拜访客户，或者邀请客户来律所议事。而在诉讼服务中，无论是去法院立案、出庭，还是调取证据、档案，律师常常需要出差，亲自前往现场。

对行业内的大多数律师而言，在独立执业的早期阶段，往往都是独立承担着获取客户和提供服务的双重职能，所有提供法律服务的事项都独立完成。但当律师成长到一定阶段，拥有更多的客户资源和更强的法律服务能力，往往就会着手组建自己的团队。

这样的团队有大有小，在很大程度上取决于律师业务量的多寡。当律师业务量相对较少时，律师往往自己会担当主办律师的角色，带领助理完成服务内容；当律师的业务量越来越多，团队越来越强大，承揽案源的律师实际参与服务的程度也会越来越少。

对于这样的情形而言，单个办案律师独自完成业务的情况较为常见。虽然业务量较大的合伙人的团队中会有多位具备独立办案能力的律师，但这些律师基本上都是独自完成手里的案件，很少有案件会上升到团队讨论的层面。

也有一些律师会对自身的团队进行更深入的整合，在团队内部展开全面的分工。比如说，有律师在文章中介绍[25]，其所在的团队里虽然只有 9 个人，却被区分为了七大独立的岗位：业务管理合伙人，业务流程管理专员，沟通专员，文书专员，法律分析专员，判例检索专员，庭审专员，行政专员。每个岗位有自己明确的权限和分工，并且合伙人会挑选和配置适合该岗位的有发展潜力的专门人才。比如说，其中有一位成员虽然是法学专业，但是对计算机和软件都特别精通，合伙人发现后专门招募他为"判例检索专员"，并且送他去参加全国性的"大数据检索"和"可视化"等专业培训，在团队内部也有针对性地反复训练和培养这位同事的数据检索能力，更创造各种条件让这位同事尝试各种能够提高法律数据分析能力的复杂软件。

具体在承办案件时，整个团队会通力协作起来，在固定的流程下，每一个步骤都由专门的岗位专员负责，并且都已经嵌入了经过反复优化的法律文书模块产品。例如在进入到"阶段二：案件分析阶段"后，会由文书专员对案件的证据进行审查，制作《阅卷笔录》，对案件的事实与证据情况作出判断和分析，并且提出就该案需要进一步做法律研究和判例检索的要求，然后案件会流转到法律分析专员处。法律分析专员会根据文书专员下的"单"，有针对性地对该案作出专项法律研究，制作《法律分析报告》，然后案件会流转到判例检索专员处。判例检索专员也会根据文书专员下的"单"，有针对性地做类似案件的判例大数据检

---

25 参见韦红梅："实习律师如何在团队中迅速提高？"，载无讼阅读 APP，发布于 2017 年 3 月 27 日。

索，制作《判例大数据检索报告》。最终，《阅卷笔录》《法律分析报告》《判例大数据检索报告》会一并流转到业务管理合伙人处，由其最终敲定整个案件的诉讼策略。

在一体化的律师事务所里，律师与律师之间会展开更为紧密的协作。这样的律所将有更多的资源用于律所整体品牌的打造，往往会有更多客户直接找到律所，由律所调动律师提供服务。即使客户是直接找到律所里的某一位律师，也往往会由律所整体调动所内律师提供服务。在这样的律所里，虽然也会有不同的律师团队，但是这样的团队常常只是为了更好地在某一类案件上展开协作而建立，当客户提出了较为复杂的法律服务需求，团队与团队之间的界限常常被打破，跨团队的律师协作十分常见。律师在工作内容上的分工也更加深入，律所整体的运作机制则可以让律师充分协同，共同为客户提供服务。

一般而言，法律服务并不是可以在短时间内完成的服务，尤其是复杂的诉讼和非诉项目，甚至会有长达好几个月甚至数年的时间跨度。在这个过程中，律师需要与客户保持紧密的沟通。一般而言，为了让客户更加了解法律服务的进程，当相应的案件或者项目出现了新的进展，律师会向客户提交工作报告，汇报案件的最近进展和律师为之所做的工作。

一些管理较为规范的团队会要求团队成员写工作日志，记录工时。这可以让团队负责人了解团队成员的工作情况，及时发现工作中存在的问题并且指正，同时也会起到梳理手头工作，避免遗漏的作用。[26] 同时，这样的记录也可以起到责任认定的作用，帮助律所和行业监管机构追溯此前可能发生在工作中的问题。

在大多数的律师事务所里，律所并不会管理所内律师的工作情况，也少有为律师的工作提供支持，律师团队内部的管理和协作也往往通过较为粗放的形式进行，比如说用电话、邮件、微信等方式直接沟通，而不会采取更为正式的管理工具。即使如此，仍然有一些凝聚力更强的律所和松散律所内部更为紧密的律师团队会为了提高律师的工作效率，优化律所和律师团队的管理而引入工具。

律师们目前在作业中使用到的工具主要是基础的检索工具。法律服务的核心在于信息的处理与传递。针对特定的案件或者项目，律师的一项重要工作是找出相关的法律规定以及在过往的裁判文书中体现的法院的主流裁判态度，而这些都依赖于大量的检索工具。

在律师行业，最早的检索工具是像北大法宝这样的提供数据库的工具。这样的工具成本较高，往往是由律协统一购买，供当地律师使用。一些律所也会采购其他种类的数据库，为律师的工作提供辅助。

在律师团队和律师事务所内部，为了更好地方便律师协作和律所管理，也会引入更多的技术工具。

比如说，通过在线文件共享平台，律所内部可以实现更好的

26　参见前引 25，韦红梅文。

在线文件共享和协同。通过引入 OA 系统，律所可以记录律师的工时，分配工作任务，实现更便捷的团队管理。一旦律所里接到了项目 (比如说诉讼案件、常年法律顾问项目等等)，就会在系统里立项。项目负责人会在这个项目里创建具体任务，指派给具体的团队成员。当任务截止日期临近时，系统里就会在显著位置出现相关任务的提醒。对于团队成员来说，他们可以在这个系统里记录工时，每一天标记自己在每一个时间段具体做了什么事情，甚至上传做完这件事情的具体成果，比如说查到的具体法条，检索到的文章、案例，以及对这些信息的阶段性分析。在这个系统上，他也可以看到其他律师上传的工作记录，作为自己的工作参考。因此，这个系统也在一定程度上具备了知识管理的功能。对于按工时计酬或者评定业务贡献的律师事务所，这样的系统可以在知识管理上起到重要的辅助作用。甚至有一些律所引入了专门的知识管理系统，鼓励律师在系统中上传和分享知识，沉淀工作成果。

不过，正如前文所言，大多数律师事务所的体制都较为松散，律师事务所少有自身的公共积累，能够在技术研发上投入的力量较为有限，技术在法律服务中的应用并不多。除此之外，更少有律师能够建立自身的技术团队，所采用的技术工具大多依赖于向外部机构采购。但是，整体而言，由于法律服务市场尚不发达，技术领域对法律服务行业的关注并不多，服务于这一行业的技术发展也相对受到限制。除此之外，由于缺乏律师对产品打磨的参与，这类工具的服务体验也饱受诟病，并不太受律师的欢迎。在许多律所中，即使已经购置了这类协作和管理工具，律师使用的积极性也并不高，甚至刻意规避此类工具的使用。

三、组织形式：律师是如何在律所里被组织起来的？

虽然并非所有律师事务所都会深度介入每一位所内律师提供法律服务的过程，但是，律师事务所仍然在法律服务过程中提供了必不可少的"基础设施"。这里的基础设施既包括制度上的，也就是前文提到的律师在办理业务时需要律所开具的相应材料，也包括物质上的，也就是办公地点的提供。

首先是手续上的基础设施。根据我国《律师法》的规定，律师只能在一个律师事务所执业，并且，在律师事务所实习满一年是申请律师执业资格的必备条件之一。而在办理业务的过程中，必须由律师事务所统一接受委托，与委托人签订书面委托合同，按照国家规定统一收取费用并如实入账。因此，在律师事务所获得实习和执业的机会、以律所的名义签订书面委托合同是律师开展法律服务的前提。

其次是实体上的基础设施。虽然法律服务是无形的，在很大程度上依赖于律师个人的智慧而非工具、固定设施，律师的办公地点可以非常灵活，但是，正式的办公场所仍然非常必要。尤其是，由于法律服务的无形化和高专业门槛，客户往往会倾向于通过一些可表现的实体来推测法律服务的质量。律师事务所的办公环境就是其中之一，这里会是律师接待客户的场所。不过，也正因如此，许多律师，尤其是有独立案源的独立执业的律师，除了在律所约见客户或者办理一些行政事务，常常并不会出现在所里。

律师事务所的办公地点往往由律所出资购置或者租用，除此之外，律所也会配备基础的办公设备、行政人员。律师向律所交纳一定比例的提成作为管理费用，就可以获得此类基础设施的支持。

对于律师事务所而言，由于采取合伙制，律所的出资是由合伙人完成的。但是，这些合伙人之间往往关系松散，注意力集中在自身的创收上，律师事务所仅仅是一个执业的平台。当律所合伙人投入资金租用了办公场所，建立了基本的办公基础设施，他们会倾向于招募其他律师和合伙人来分摊律所经营的成本。

正如前文所述，办公地点的选择在一定程度上象征着律所的服务能力，因此，律师事务所会倾向于选择在地理条件较为优越的写字楼办公。在特定的空间范围内，办公成本是基本固定的，越多的合伙人和律师的加盟，就意味着有越多人来分摊律所的办公成本。因此，律所对律师的加入往往持欢迎态度，自带案源、业务提成的律师的加入几乎是没有门槛的，成为合伙人的门槛也往往仅仅在于创收能力上。[27]

对于律所合伙人而言，律所的行政支出是律所的主要成本。律所向越多律师收取越多的提成费用，把人力成本和办公成本压得越低，就能够获得越多的收入。因此，律所在公共费用的支出

---

27 当然，不同类型的律所选择办公场所的标准是不同的，既有在高端写字楼里办公的律师事务所，这类的律师事务所往往规模较大，也有在街边办公的小型律师事务所。这在很大程度上取决于律所的客户类型和自身的组织模式，此处暂不展开论述。

上往往极为谨慎。这样的律所更像是出租摊位的"卖场",而不像是组织所有力量进行生产和服务的"公司"。

可以说,虽然律所是律师法定的执业机构,但是,在不同类型的律所里,律师与律所的关系和相应的互动模式却存在很大的差异。

1. 松散型律师事务所

对于松散型的律所,也就是前述"摊位出租"式的律所,律所里的律师并非可供调动的人力资源,而更像是"租赁摊位",缴纳租赁费用的合作商。律师进入这类律所的门槛较低,只要能够缴纳固定比例的提成就能够加入律所。一般而言,当年轻的律师经过实习期,拿到执业资格证,想要离开原有团队独立执业时,只要缴纳一定比例的管理费用就可以加入这样的律所。从律师能力的提升上来说,这类律所并不为律师提供机构和团队的支持,很少有专门的律所培训,也没有资深律师的全程指点,业务能力的提升在很大程度上依赖于自身的钻研和经验的积累。

一位在松散律所独立执业的律师表示,她的学习方式主要有:律协的培训,自身对案例、书籍、文章的钻研,开庭时向对手学习等等。律所,尤其是小型律所,由于律师们互相之间更加熟悉,向周围的律师请教和讨论也会成为她学习新知,解答疑惑的重要方式。

当律师的业务量增加,单个律师忙不过来时,就会开始配置或大或小的团队,团队负责人此刻才真正面临人力资源管理的相关问题。

在这样的团队里，团队领导人将承担起主要的人力资源管理职责，律所几乎不干预，只是帮忙处理一些人力资源相关的琐碎事务。在这些律所中，团队领导人承担着给团队成员发放薪水的主要职责，而并不是像公司一样由机构承担这一职责。

在松散型的律所中，团队负责人承担着人才招聘的主要职责，招聘也往往以某某律师团队的名义展开。在基础的简历筛选之后，团队负责人会对应聘者进行面试，并对最终的结果拥有绝对的话语权。在确定用人意向之后，走一下律所的流程即可完成招聘的整个过程。

人才的培养更多的是在具体的业务办理过程中完成的。在律师团队中，会有资历较深的律师对新入行律师的工作提供指导，在每一项业务的办理过程中提出修改意见，团队负责人则会对业务整体进行把关。这些团队很少会组织专门的培训，但会让团队成员有选择地参加律协提供的培训。

在这些团队内部，律师的上升空间比较有限。无论团队负责人个人的案源拓展能力有多强，由于个人精力有限，都一定会面临瓶颈，从而带来团队规模和团队中每个个体发展的瓶颈。当团队中的成员积累了足够的经验和客户资源，希望有更大发展空间的时候，往往会选择独立，独自承担获客的任务并且在创收达到一定程度时成为合伙人，培养出自己的团队。

在利益分配方面，在松散型的律所里，律所利润即为当年律师管理费的收入减去各类办公和行政人员的支出。这些利润将由律所合伙人在当年分享。而对在这类律所里办公的律师而言，利润则为法律服务收入在支付律所的管理费、团队员工工资和日常办理业务的开销后剩余的部分。

可以说，在松散型的律所中，经营的收益和风险主要由律师个体承担。如果律师的业务拓展能力较强，创收较高，就能获得相当高的收益。反之，如果律师业务拓展能力不强，就会出现很多时候闲着没事干，也难以有效拓展案源的情况，扣除日常业务办理的花销和上缴律所的费用，自己剩余的部分并不会太多。

2. 紧密型律师事务所

在紧密型律所中，也就是一体化程度更高的律所，律所会更多地介入到人力资源的管理之中。一些律所会以固定的薪水聘请律师和律师助理团队，律所更多地承担经营的收益和风险，也有在全所范围内调配人力资源的更强的能力。

在人才的招聘上，律所往往有统一的招聘指标和招聘标准。每年会由律所的行政或者人力资源部门负责统一招聘，再把人员分配到各个团队，单个的合伙人在人员的去留问题上并不拥有绝对的话语权。

在人才的培养上，这样的律所往往拥有更加成熟的培训体系。在这样的律所里，律所的管理者很难介入具体的法律服务过程，却有更强的意愿保障全所的法律服务水平。为了更好地提升律师的业务能力，形成一定的业务规范，律所往往倾向于建设更加成熟的培训体系。同时，这样的律所也更有能力调动所内资源，由所内资深律师或者外聘法律专家提供相应的培训。

在这样的团队里，律师有着更加明晰的分工，也有着相对固定和可预期的晋升路径。当然，在这样的体系下，律所也会对律师的工作情况实行更加严格的考核，据此判断律师是否达到了期望的工作标准。

为了实现更进一步的分工，一些律所甚至还会引入负责行政事务、市场推广、信息技术等方面工作的人员。一些律所设立了市场部门，承担起日常法律服务之外的获客职能。只是，在律师事务所中，非律师人员的发展往往十分受限。

一方面，在律师事务所这样的专业服务机构里，归根结底，看的还是提供法律服务的能力。无论运营工作做得多好，律所的核心资产仍然在于律师的专业能力。客户对律师事务所的认可程度，从根本上说，也仍然是由法律服务质量本身决定的。在律师事务所里，能够完成一个项目，或者拿到胜诉判决，律师们都会格外有成就感。但是，运营团队在其中所做的贡献却难以判定，也很难有类似直接的、可量化的外在表现。

另一方面，律师事务所为律师提供了由律师助理到合伙人的成长路径，在这个体系下，律师可以逐步习得能力，获得资源，最终成为律所事务所的所有者和管理者。但专业运营人员在律所里的独立发展空间始终有限。

相较于其他行业，法律服务市场规模偏小，相较于其他行业的企业，律师事务所的规模同样偏小，运营团队成长的天花板往往是看得见的。而在这个以律师为主体的组织里，运营团队总显得边缘化，更容易被认为是服务者，而不是律师事务所的共同拥有者，即使加入了合伙人队伍，也并不拥有业务技能、客户关系这样的律所核心资源。

这样的问题在已经拥有强大律所品牌的大型律所里或许还不明显，但是在中小型律所中，运营人员的价值实现和发展空间都更为有限，这就导致了中小型律所留不住运营人员，律所整体发展水平难以提升，更难留住运营人员的恶性循环。

在利润分配方面，在紧密型的律师事务所里，利润则为当年的法律服务收入减去所有办公成本、市场成本和人员工资支出后剩余的部分。律所往往会保留一部分利润作为律所后续的发展基金，其中一部分由律所合伙人分享。而对在这类律所里工作的律师而言，收入则往往是固定的薪资。

在紧密型的律师事务所里，经营的收益和风险主要由律所承担。这类律所往往会在律所的公共建设上投入更多的资源，有更高的律所经营成本，但也有机会获得更佳的经营效果和更高的利润率。

整体上说，前一种类型的律所在律师行业中占据着绝大多数。但无论是何种类型的律所，从根本上说，利润的分配呈现出了向拥有客户拓展能力的人和机构的倾斜，拥有客户资源的律师和律师事务所往往能够在利润分配上拥有更多优势。

第三节　律师成长之困与难获取的法律服务

在传统的法律服务提供模式下，无论是法律服务的提供者——律师，还是法律服务的需求者——企业和民众，都存在诸多痛点。

对律师而言，实习律师的生存困难是十分普遍的现象。一方面，实习律师的薪水往往较低，甚至，是否应该给实习律师发工资都成了行业内争议的话题。对许多律师而言，实习阶段都是十分难挨的经历，往往面对着较大的生活压力，一些人甚至因为难以度过这个阶段而放弃了律师这一职业。另一方面，实习律师的成长在很大程度上依赖于指导老师的指导。但是，能不能遇到乐意传授经验的指导老师，在很大程度上要凭运气。在普遍单打独斗的行业背景下，许多律师会担心"教会徒弟，饿死师父"，而不愿意将自己的技能倾囊相授。因此，即使律师通过了实习期，也并不一定能够获得独立执业所需的执业技能和客户资源，律师独立执业的早期同样困难重重。

在业务能力的提升上，虽然专业化的重要意义已经得到越来越多律师的认同，甚至成为行业共识，但是真正能够实现专业化的律师却并不普遍。这在很大程度上仍然是由于律师的案源之困。当律师独立执业，能够接触到的案源机会往往在于自身的熟人圈子。而由于法律服务的相对低频，每一位律师能够独立获取的业务机会有限，并且法律服务需求往往五花八门，不可能聚集在某一个领域。对于律师而言，如果要实现自身业务的专业化，必定意味着放弃大量的法律服务机会，从而可能面临吃不饱的窘境。更重要的是，受限于律师所在的地域，对于三四线城市的律师，整个地方市场的法律服务需求量就十分有限，专业领域越是细分，服务机会就越少，律师也就更难有实现专业化的空间。

而由于专业化难以推进，律师也就难以在某一特定领域积累足够丰富的经验，从而提升工作效率。同时，由于律所的公共投入普遍有限，律师的工作也鲜有效率工具的支持。而由于提供法律服务的律师个体还普遍承担着拓展客户的责任，律师的事务也更加繁杂，难以提供更加优质高效的服务。

除此之外，信息化建设也是行业内的一大难点。虽然许多律师，尤其是律所管理者都有了利用信息化提升律师作业效率和律所管理水平的意识，但是一直以来，行业内在这一方面的投入却十分有限。律所与律所之间是彼此独立分散的，即使是在一家律所内部，律师们也往往各自独立，没有人愿意为律所和行业共同的信息化建设投入资源。

除此之外，律师行业的信息化建设还面临着以下挑战：部署一套软件价格不菲，很多律所会因为费用问题而打退堂鼓；不同律所的需求各不相同，很难开发出一套办公软件，使其符合每一家律所的流程；传统的部署软件式的信息化过程，需要一家律所一家律所地安装软件，逐个部署，很难在全行业推广开来；OA 或者 ERP 系统是以管理为目的的，而律师天生是一群不服管的人；系统并不是按照律师的使用习惯和场景来设计的，不能根据律师的反馈不断调整，用户体验不佳，即使强制安装了，律师们也不爱用……

以上种种也就导致，律师的作业方式在很大程度上还处于"刀耕火种"的状态。

效率的受限在很大程度上体现为服务能力的有限性。对于法律服务而言，最大的成本即为律师的时间成本。当律师处理琐碎的法律服务事务和处理更为复杂、利润也更高的专项法律服务所需花费的时间比远远大于它们之间的利润比时，律师们往往倾向于把精力投入到专项法律事务的研究中。一个很典型的例子是，虽然许多律师都提供常年法律顾问的服务，但是，这类业务往往是律师维系客户的手段。律师大多以诉讼服务、资本市场相关非诉服务为主要业务领域，少有以常年法律顾问服务为专门服务类型的。而即使在诉讼领域，标的额较小的案件，律师的代理意愿也往往较弱。当大多数律师都把精力放在提供更为复杂的法律服务事务上时，大量琐碎的法律服务需求其实成了未被满足的长尾市场。但这些需求，恰恰是和人们的日常生活更为相关、更为频发的需求。

从法律服务获取者的角度来说，当需要法律服务时，他们往往面临四大难点：

第一，法律服务市场信息不对称，难以找到律师。根据学者2012年对北京市民所做的调研，朋友介绍、上网查找和通过广告是人们最常用的找律师的方式。其中，通过朋友介绍找律师是相对容易找到律师的方式，认为找律师"非常容易"和"比较容易"的占 45.9%，认为"不易"和"非常难"的占 40.5%。通过其他途

径找律师则都不容易，认为"不易"和"非常难"的比例往往占到
50% 到 60%。[28]

第二，法律服务评价体系不健全，难以评价律师。客户很难
判断律师业务能力的优劣，聘请律师有时成了一种碰运气的冒险。
法律服务毕竟事关人们的重大利益，没有人会放心地把它交到好
坏难辨的陌生律师手中。这也在很大程度上让人们更愿意在自己
熟人圈内找律师。但是，即使是熟悉的律师，也并不一定能够解
决专业能力与服务需求相匹配的问题。

第三，服务过程本身缺乏保障。律师与客户之间缺乏有效的
沟通机制，客户很难了解律师究竟提供了怎样的法律服务。律师
总担心客户不付律师费，客户则担心律师不能提供与律师费相称
的有价值的服务，两者之间的信任机制难以建立。

第四，费用高昂不透明。对于普通民众而言，动辄成千上万
的律师费用是一笔不小的支出。即使只是简单的法律咨询，律师
也会按照服务的时长收取费用，这在普通民众看来往往难以理解。
更重要的是，由于信息的不透明，普通民众很难知道法律服务的
市场价格是多少，担心被坑的心态时有存在。

种种因素，让众多消费者在法律服务面前"望而却步"，即使
有需求，也不能或不愿向律师寻求服务。从这个意义上说，中国
人"厌讼"，并不完全是由于受传统观念影响，碍于人情、面子，
也不是因为人们不在乎自己的利益，而是因为在很多情况下，向

28　肖萍、周洋："北京律师的业务能力现状及分析"，载王隽、冉井富编：《北
京律师发展报告（2013）》，社会科学文献出版社2013年版。

律师寻求法律服务太困难，成本太高，风险太大。

也正因如此，我们才会看到，很多人采取了自助的方式解决法律问题：需要签订合同时，跟着感觉随便约定，或者在互联网上找个模板照着写；遇到法律纠纷的时候，自己出庭打官司，或者觉得太麻烦，放弃对自身利益的争取。

可以说，真正向律师寻求帮助的法律服务需求，不过是社会上实有需求的"冰山一角"。

第四节　法律服务的底层逻辑

既然当前的法律服务方式存在着诸多瓶颈，无论是法律服务的提供者还是需求者，都存在诸多痛点，为什么这样的服务方式迟迟没有得到改进？仔细分析我们会发现，当前的服务方式是由许多更深层次的因素决定的。

首先，客户需求决定了律师提供的法律服务内容。

当国家的经济发展水平较为初级，经济活动较为简单，法律服务需求的类型也不会复杂。在早期的美国律师行业，律师事务所的规模并不大，律师事务所规模的扩张和业务类型的多样化与复杂化都与二战后的经济繁荣期里美国的商业增长有紧密的关系。

同样的道理，在中国，诉讼业务是律师行业最传统的业务，而随着后来市场经济的活跃，金融证券、房地产、投资、并购、仲裁、知识产权等新兴业务也逐渐开始出现。但是，从整体上而言，大量的法律服务需求仍然是零散、不复杂的，需求总量也仍然有限，仅仅通过单个律师或者小规模的律师团队就能完成。这也在一定程度上解释了为什么单打独斗式的律师发展模式仍然是行业的主流。

就律师个体而言，他所提供的服务内容在很大程度上取决于他能够接触到的客户需求。正如前文所言，当律师接触到的法律服务需求来自各个领域，任何单个领域的法律服务需求都不足以让律师在市场上获得良好的生存空间，同时，受限于市场规模大小以及律师市场开拓途径的欠缺，律师的专业化和专业化基础上的效率提升自然也就成了难点。

其次，法律服务是典型的建立在信任基础上的服务，信息的获取和信任的建立决定了客户寻找律师和律师开拓案源的方式。

服务具有天生的无形性，在购买之前看不见、摸不着、听不见、闻不到。一般而言，在购买服务之前，购买者往往会寻找表明服务质量的"标志"，通过自己所观察到的地点、人员、价格、设备等等，得出有关服务的判断。

但是，就法律服务而言，它还具有第二重特征，那就是专业性。专业性在律师和法律服务的购买者之间树立了高高的专业门槛，即使购买者在购买服务前努力寻找可以表明服务质量的"标志"，也往往只能做出表面的判断。通过与律师的交谈，也仍然很难判断律师的服务能力。事实上，即使在律师提供法律服务之后，人们也不一定能够很好地判断出律师的专业水平。

法律服务的第三重特征让购买者更难判断服务的质量，那就是服务的后置性。当人们购买商品时，商品的生产过程往往已经完成，但对于服务而言，提供服务的过程发生在交易过程之后。即使购买者在购买前做了充分的观察，甚至通过各种因素对律师的服务能力做出初步判断，从律师在过往的服务表现仍然不能当然地推出律师将在未来提供良好服务的结论。

这些特征导致，在人们购买法律服务时，其实服务本身仍然存在着极大的不确定性。人们之所以在存在这样的不确定性的情况下还愿意购买律师的法律服务，完全是出于对作为专业人士的律师将在未来尽职尽责地提供法律服务的信任。建立这样的信任，是法律服务最重要的前提。

这样的信任如何可能？在大多数情况下，缺乏专业知识的购买者只能将信任建立在熟人关系之上，或者通过熟人网络的背书，形成对陌生律师的信赖。也正是基于这样的信任建立方式，许多律师选择通过扩大熟人网络的方式，争取更多服务机会。对客户而言，信任熟人并不需要复杂的信息基础，是一种低成本的可以比较容易做出的判断。除此之外，许多律师通过写文章、接受采访等各种各样的形式分享自己的专业见解，则是从侧面展现自身的专业能力，同时争取获得媒体等第三方机构的背书，从另一个方面增强潜在客户对未来服务的信任。

一旦律师获得客户，并且通过良好的专业服务为客户留下了好印象，便可以获得更加宝贵的信任资源。客户在此后遇到法律相关的问题，往往会首先找到此前提供过良好服务的律师，由他提供服务或者帮助客户寻找其他解决方案。这其实也可以解释，在行业中，随着服务经验的积累，律师会拥有越来越多的客户资源，无论是老客户的新需求，还是由老客户推荐新的客户，律师都可以获得越来越多的服务机会。

此时，律师很难亲力亲为地完成所有提供服务的过程，而会组建自己的团队，并且在服务能力不足以覆盖客户需求时邀请合作律师共同提供服务。当客户的服务需求较为复杂，或者客户希望通过聘请多位律师提供更加高效的服务时，客户不再需要自己找到每一位提供服务的律师，并且和他们分别签订协议，而可以把事务交由自己信任的律师，由这位律师组织服务力量并对最终的服务结果负责。

从这个意义上说，组织团队提供服务的律师在很大程度上起到了降低客户寻找律师成本的作用。即使实际上提供服务的律师并非拓展客户的律师，拓展客户的律师也因为获得客户的信任这一关键贡献而创造价值，甚至获得更大的话语权。

再次，知识的生产方式决定了律师作业方式。

面对客户的法律服务需求，律师的作业方式往往是主动搜寻相关的知识，并且根据自身过往的经验积累确定解决问题的方法。从根本上说，律师之所以采取这样的作业方式，是因为目前的法律知识零散地分散在书本、网络和律师的脑海中。律师的工作是将所有相关的知识进行搜集和整合，并且根据自身的经验积累应用在实践中。

正如理查德·萨斯金所言，从根本上说，律师承担着专业知识守门人的职责。"无论任何时候，当人们向专业人士寻求帮助，一定是因为专业人士知道他们自己并不知道的东西。"[29]所有专业服务的接受者都希望从服务提供者的知识中获益。虽然他们自己也可以在这个过程中获取一些知识，但总的来说，专业人士承担着根据服务接受者的需求引用、解释和应用知识的责任。

这样的知识不对称源于每个人天性中的"有限认知"（limited understanding）。没有人无所不知。在日常生活中，我们总需要借助于外界才能舒适地工作和生活。传统专业服务行业之所以出现，也正是为了帮助人们解决有限认知的问题。

可以说，专业人士扮演着作为门外汉的普通人和巨量专业知识之间的中介："他们帮助人们解决一些需要特定专业知识才能解决的问题，而这些知识是普通人所不具备的。"当然，这样的知识并不是书本上的抽象知识，而是有关问题解决的，在长久实践中才得以形成，需要必要的技巧、技术和方法来有效应用的实践知识。

也正是因此，跟随指导老师学习，经过实习期的考核成为获得律师执业资格必不可少的条件。在经历法学院的基础训练之后，律师后续在专业知识上的积累不仅是通过阅读和培训，更多的是通过在实际业务办理过程中资深律师的指点，甚至通过向对手学习的方式完成的。

29　参见蒋勇、邹一娇："作为专业人士的律师，未来并不乐观"，载微信公众号"天同诉讼圈"（tiantongsusong），发布于 2016 年 4 月 15 日。

当律师习得这些知识之后，这些知识大多数都储存在律师的脑海里。当客户提出具体的法律服务需求时，由律师灵活地调动此前的经验，再结合从书本、网络查询到的知识，提供实践性的法律服务。

不过，值得注意的是，并非所有法律服务都有很强的个性化特征，需要律师调动经验和知识灵活处理。事实上，从整个法律服务市场来看，有许多法律服务需求是频发的，同时有相对固定的解决方案。不过，由于客户往往将信任建立在对律师个人的信任之上，律所少有能力整合律师资源，利用技术沉淀和应用法律实践知识的尝试较为少见。而从另一方面来说，正是由于律所这一机构本身少有沉淀与应用法律知识的能力，单打独斗式的律师服务方式才更多地存在。

最后，客户和知识占有情况决定了律师与律所的关系。这样的分析甚至可以更进一步地为律师事务所的组织结构本身提供说明。

当律师个人占有客户和知识，律所的价值有限，律所内部律师与律师之间，律师与律所之间关系松散。从业务发展的角度上说，律师事务所除了起到帮助律师分摊成本的作用，最多只能为律师之间开展合作，进行客户资源与知识资源的交换与协作提供平台。

当律所更多地占有客户与知识，律师不再需要独自承担业务拓展任务，而可以把更多精力投入到服务过程本身中去。同时，律所的知识能力将辅助律师更为高效、高质量地完成作业过程，从而在律师提供法律服务的过程中扮演更加重要的角色。

综上所述，法律服务的核心在于客户需要什么样的知识，以及这样的知识通过什么样的方式应用和传递。信息的生产、储存、应用方式决定着法律服务的形式，进而决定着律师事务所这一法律服务提供机构的组织形式。

但是，正如萨斯金所言，信息的生产、储存、应用方式并非一成不变的。从口语时代，到文字时代，到印刷时代，再到互联网时代，不同的时代产生了不同的专业知识体系和建立在这一知识体系上的专业服务方式。

我们所熟知的法律服务模式不是自古就有的，当然也并非永远不可替代。身处变革之中，我们不妨深入考察，互联网时代的新兴技术的本质特性到底是什么，它将为知识生产、储存和分发方式带来什么样的改变，而这些改变又将如何作用于我们的法律服务行业。

Part 3
新技术时代

　　当我们分析互联网时代的技术变革时，需要关注的当然远远不止互联网本身。一方面，由于互联网的普及，在线的状态更多地渗入到人们的工作和生活，从而带来海量的数据；另一方面，云计算等技术的发展也在互联网技术的基础之上衍生出更多更加深刻的技术的应用。

　　因此，在这一章中，我们的重心会落在对当今时代产生深刻影响的四大技术——互联网、大数据、云计算、人工智能——之上，分析它们为信息产生、传递、储存、应用方式带来的改变，及其已经为社会各行各业带来的影响，从而为后续对法律服务行业的分析提供参考。

第一节　连接一切，改变一切

　　从最基础的层面而言，互联网带来的最本质的变化是信息传递成本的降低和传递速度的革命性提高。

　　此前，人们通过书信、电报、电话等沟通信息，基于互联网的电子邮件的出现让人们感受到了信息实时传递带来的便捷。早在 1993 年 9 月，克林顿就任美国总统后不久，便正式推出跨世纪的"国家信息基础设施"工程计划。这一计划被通俗地称为"信息高速公路"战略，旨在通过卫星通讯和电信光缆连通全球信息网络，形成信息共享的竞争机制，全面推动世界经济的持续发展。这其实也是互联网带来的最初的变化：让信息传递从"乡间小路"走向"高速公路"。

随着互联网覆盖范围的不断扩大和基于互联网的创新应用的不断丰富，互联网可以帮助人们完成越来越多的事情。一方面，人们可以随时随地地接入网络，频繁地发出和接收信息；另一方面，越来越多的互联网应用出现，帮助人们实现交流、交易、学习等方面的信息需求。信息传递成本的降低实际上也让使用互联网的每一个人被更便捷地连接了起来。在这个时代里，地域的限制被打破，无论相隔多远，人们都可以通过互联网展开便捷的交流，被紧密地联系在一起。也正是在这个意义上，可以说，互联网的本质就是连接。

移动互联网的出现带来了更为深刻的变化。3G/4G 网络的兴起让网络信号遍布世界的每一个角落，而每一个人手中的智能手机，就相当于一台个人电脑。但是，它与电脑最显著的区别在于，它轻便可携带，让我们随时随地可以保持在线。线上与线下的边界变得模糊，从而让信息传递的效率得到了更进一步的提升，人们可以随时随地搜集到来自全球的海量信息，也可以随时随地与全球的人们展开交流与合作，"地球村"的概念从未如当下这般成为现实。

　　互联网和移动互联网带来的变化根本地改变了社会的信息基础设施，它影响的领域也从最初的简单的内容传播和即时通信，扩展到社会的方方面面。就像马化腾曾经说过的一样："互联网不是新经济新领域独有的东西，最终它会像蒸汽机、电力等工业化时代的产物一样，成为可以给所有行业应用的工具。有了蒸汽机，电力各行各业都可以做，互联网也会在各行各业焕发生机。"[30]

　　从商业发展的角度而言，互联网对信息传递成本的降低和传递速度的革命性提高带来了两个层面的变化：一个是市场交易形式的改变，一个是企业内部组织形态的变化。这恰恰是科斯在交易成本理论中提出来的两种组织交易的方式：一种是由市场组织的交易，一种是由企业组织的交易。

　　在市场交易方面，此前，由于信息传递的困难，经济模式在很大程度上依赖于线下渠道，受困于地理位置。企业都是先生产，然后通过渠道触达客户。当交易完成，企业和客户的关系也就基本结束了。

　　而在互联网时代，有了从线上到线下（online to offline）的可能，形成了基于线上信息流通的线下交易的模式：有的是通过线上的信息流通为线下的交易引流，比如说大众点评网，线上的评价决定了消费者在线下的消费选择；有的是直接的线上交易，也就是所谓的电商，淘宝、京东是最典型的代表，消费者在线上下

　　30　钛媒体："马化腾发话：移动互联网将连接一切，将颠覆所有行业"，载凤凰财经，http://www.ocn.com.cn/info/201410/huate301022.shtml，2018 年 3 月 1 日最后访问。

单、付款，商品通过物流交付。这样的平台不仅提供了买卖双方对接的平台，并且通过搭建支付担保体系、商家线上管理系统等基础设施，更进一步地提高了在线交易的效率，同时，也以此为支点，撬动除了交易环节之外的更多的经济活动过程向线上迁移。

在组织内部，互联网的连接也让企业内部的信息传递成本降低，属于同一产业链的企业之间的信息传递成本降低，从而带来企业组织结构的变化。

企业正在逐渐完成内部的网络化，即通过网络完成高效运作，进而实现信息流的高速处理、资金成本的有效控制以及物流的同步到位。在内部网络化的前提下，企业的服务性在逐渐变强：通过有效的数据处理，可以让企业更加具有系统性，企业整体的惰性也在逐渐降低。

丰田公司就是企业内部网络化的一个典型例证。很多人将丰田的管理方式称为"丰田主义"。在"丰田主义"管理模式中，公司内部的网络化是很重要的特点。"丰田主义"的主要优势包括供料的"看板系统"（或称为"及时系统"），通过这一系统可以实现生产线所需的材料直接从供料者输送到生产基地，可以大幅度地降低库存；生产过程中对产品进行"全面质量管理"，以达到材料的有效利用；另外，丰田公司通过团队合作和分权式主动提案等方式让工人参与到生产过程中来。这些优势背后的实质就是网络化在企业中的应用。[31]

---

31 参见[美]曼纽尔·卡斯特：《网络社会的崛起》，夏铸九、王志弘译，社会科学文献出版社2006年版，第151-154页。

事实上，网络化对企业的影响是十分显著的。企业通过网络这一平台全程参与运营和管理，充分达成了"去中间化"的目的，大大降低了成本。同时，企业也不断通过网络改良运营模式，全程高效地将有效信息迅速发布到相关人员手中，最快速地完成工作任务。

除此之外，企业与企业之间的合作也正在变得愈加紧密。

通过网络的衔接，不同的企业实现人才、信息的共享与交互，企业间的合作逐渐升级，在大趋势之下，多国企业、跨国公司与国际网络也应运而生。

思科公司即是通过推销自己的网络化思维获取成功的典型例子。它身体力行地向顾客推荐网络化的逻辑，把顾客、供应商、伙伴和员工的关系全都组织在网络里，通过绝佳的工程、设计和软件，将大部分的互动予以自动化。思科客户50%以上的订单都是通过电脑传给承包商，而思科只不过是从中获利，进而建立一个可靠的供应商网络。思科的合作十分广泛，包括美国西部的网络服务公司，微软这类伺服器厂商，也包括英特尔这类的互联网设备公司，还有毕马威国际之类的系统整合业者。通过合作分享信息来源，同时和每个合作伙伴都从事线上互动，通过这样的方式，思科实现了自己的成功。[32]

更进一步地，依托于互联网，企业有可能打破传统市场价值链，对行业的上下游进行整合与重构，成为覆盖更多市场环节的

---

32   参见 [美] 曼纽尔·卡斯特，前引 31，第 160–164 页。

平台。正如《平台转型》一书所言，这样的过程，正是通过解构的方式，"对行业上下游进行梳理，找到行业的痛点和亮点，重新建立新的商业模式、秩序和运营方式。在这个过程中，需要破除一些旧有范式，去除传统价值链上一些旧有的组织，建立某些新的规则，引入新的资源方。在时代演进中，也必须义无反顾地将价值链条中一些常年存在但不再必需的环节除去，有预见性地引入新的内容。"[33] 正是互联网降低了信息传递的成本，从而使得传统的产业链有机会被平台进一步地整合。

平台转型的实质就是"去中间化""去中心化"以及"去边界化"，从而实现更快的连接、更高效的供需匹配以及产业边界的消除。

在企业内部，生产的组织方式也因为互联网而发生着变革。

工业革命以来，手工业者进入工厂，劳动者与企业签订劳动合同是整体的趋势。正如科斯所言，企业起到了降低交易成本的作用。企业主用行政性的强制分配替代了工人与工人之间的零散交易，提升了效率。在劳动者与企业之间，建立了相对固定和稳定的关系，劳动者完全在企业的调配下，在企业提供的办公场所工作。

互联网的连接使得信息传递成本降低，人与人之间的远距离协同成为可能，远程协作办公系统越来越多地出现。它不仅能提供各种文档，甚至远端电脑之间的交流功能，而且有的还具有传

---

33 陈威如、王诗一：《平台转型：企业再创巅峰的自我革命》，中信出版社2016年版，第29页。

统视频和电话会议的图像和声音交流功能。用户不需要购买昂贵的设备，也不需要租用专线带宽，只要有一台能上网的电脑，就可以不受时间、地点的限制，与任何人实现"面对面"的交流和工作。随着时代的发展，远程办公越来越受人们欢迎。

甚至，互联网也为劳动关系带来了改变。个人可以不再固定地服务于某一家企业，而可以自由调配时间，开放地服务于有此类人才需求的企业。在这种模式下，组织与个人的雇佣关系变得松散，企业与劳动者之间已不是纯粹的雇佣关系，而是更加灵活的合作制；个体可以在世界的任意角落，在多个平台上，为不同的企业和个体提供服务，劳动雇佣关系开始被灵活的用工方式替代。这就是所谓的人才共享，它改变了职场人对工作的定义，让自由职业者和多重职业者成为一种全新的选择。

比如说，美国最大的自由职业者平台 Upwork，拥有包括开发、设计创意、写作、翻译、法律等十二大类的工作，自有的"强化匹配算法"（instamatch）短时间内帮助自由职业者找到合适的工作岗位。另外，在网页版和 iOS/Android 加入即时聊天的功能，保证沟通效率。如果是比较大型的项目，还可以使用 Upwork Enterprise 组建团队，协同工作。根据 Upwork 官方统计数据，在平台上进行交易的自由职业者总收入已超过 10 亿美元。[34]

在中国，也已经出现了类似的平台，猪八戒网就是最典型的例子。在猪八戒的平台上，已经聚集了 1300 万专业人才，提供覆

34　参见 Designup："人才共享模式在中国是否行得通？"，载界面新闻，http://www.jiemian.com/article/1134159.html，2018 年 3 月 1 日最后访问。

盖品牌设计、营销推广、网站设计、电商服务、游戏开发、软件开发、动漫影视、装修服务等多个领域的专业服务。企业将需要解决的问题放在猪八戒网上，通过悬赏模式可以获得多种方案，可以选到百里挑一的作品；通过速配模式，可以寻找到能力精准匹配的服务商来提供服务。

这样的模式打破了地域、时间、工作方式的限制，通过互联网把世界各地的工作者放在同一平台中。对于专业人才而言，可以在这里获得更加自由的工作环境；对于企业而言，可以更加灵活多元的方式，获得低成本高质量的服务。

基于互联网实现的信息传递成本的降低和传递速度的革命性提高，甚至让信息传递者和接受者的关系发生了改变：话语权不再由传统媒体垄断，每个人都是信息的接收者，也是信息的再度传播者。

体现在商业上，这意味着消费者和生产者之间的关系也正在被改变：消费者不再是被动的受众，而更多地参与到生产乃至销售的过程中来；每个用户都拥有了极强的发声力量，而不再是"沉默的大多数"；用户为王的理念凸显，用户体验越来越多地受到重视。企业开始更多地站在用户的视角考虑问题，开始更多地思考用户是否能在众多的商品中选择自己。

此前，当购买行为结束，除了偶尔的售后维护，生产者与消费者已经几乎没有关系。但现在，消费者的信息被实时地传递给生产者，生产者依据消费者使用数据的反馈更新迭代产品。用户社群出现，用户与用户之间建立起联系，并且与生产者保持持续的互动，甚至参与到产品的生产、营销过程中。正如 360 创始人周鸿祎所言："你把东西卖给用户或者送给用户了，你的体验之旅才刚刚开始，用户才刚刚开始跟你打交道。你恨不得通过你的产品和服务，每天都让用户感知，让用户感受到你的存在，让用户感受到你的价值。"所有环节的产品或服务，都是为了实现用户体验的目标。从这个意义上说，无论是产品还是服务，无论是渠道还是终端，都是用户体验的一个环节。

甚至，传统的生产方式也会因为互联网发生改变。消费者将有机会更早、更深度地参与到生产过程中去，传统的流水线式的规模化生产也将更多地向个性化生产靠近。正如马云在 2017 年天下网商大会上谈到的那样："传统的制造业是 B2C 模式，而未来的制造业是 C2B 模式，每个制造业将会根据消费者的需求进行个性化的定制。"随着信息传递成本的降低，结合 3D 打印等更灵活的生产技术，按需个性化、大规模生产将真正成为可能。

第二节　用数据为世界"画像"

大数据的核心并不在于大。在过去，拥有数百亿量级数据的数据库并不鲜见，它的真正核心在于在线，并且是"双向在线"。在线的世界里，数据是重要的战略资源，它是人类自身活动留下的财富，是人类历史上第一次大规模地通过自身活动产生的自然资源。

一方面，数据的积累是在线的，通过人们的在线行为自然沉淀了巨量数据。从最基础的 TCP/IP 协议和路由，再到 http 协议和超链接，这些互联网技术都是数据天然沉淀的基础。只要在这个基础设施上走，就会留下脚印。就像石油在大自然中慢慢沉淀一样，数据也会在互联网上慢慢沉淀下来。[35] 有了互联网之后，数据的沉淀和利用变得更容易、更自然，成本更低，互联网时代也才有了大数据。另一方面，数据的输出也是在线的，它可以根据数据反映出的用户习惯衍生出新的数据，给用户以反馈。今日头条这样的新闻应用所具备的 "5 秒算出你的兴趣" "根据兴趣智能推荐" 的功能，正是秉承着双向在线的理念。

在过去的 20 年中，各个领域都出现了大规模的数据增长。国际数据公司（IDC）报告称，2011 年全球被创建和复制的数据总量为 1.8ZB（1ZB ≈ 10^{21}B），在短短 5 年间增长了近 9 倍，而且预计这一数字将每两年至少翻一番。工业界、研究界甚至政府部门都对大数据这一研究领域产生了巨大的兴趣。[36]

根据国际数据公司在 2011 年发布的报告，"大数据技术描述了新一代的技术和架构体系，通过高速采集、发现或分析，提取各种各样的大量数据的经济价值。" 从这一定义来看，大数据的特点可以总结为 4 个 V，即 Volume（体量浩大）、Variety（模态繁多）、

35　王坚：《在线》，中信出版社 2016 年版，第 251、252 页。

36　张引、陈敏、廖小飞："大数据应用的现状与展望"，载《计算机研究与发展》2013 年 S2 期。

Velocity(生成快速)、Value (价值巨大但密度很低)。[37]

具体而言，大数据是全体数据，而不是随机样本，大数据时代将结束抽样分析的方法，达到"样本等于总体的效果"；大数据下允许不精确的存在，甚至需要不精确的存在；大数据更加注重对是什么的探究，而忽略对因果的考察，不需要知道为什么。

数据的战略价值可以用这样三个比喻来形容：它像是望远镜，帮助我们看到一个大到我们以前根本看不到的世界；它像是显微镜，帮助我们看到点击这样的细微到我们此前根本看不到的动作；它像是雷达，当人的所有沟通和交流都在互联网的某一角落留下蛛丝马迹，它可以据此预测未来发生的事情。[38]

具体来说，我们想从市场拓展和建立信任两个方面分析大数据已经为商业世界带来的改变。

通过数据的收集、利用以及背后价值的挖掘，企业将作出更加精准和科学的决策。比如，通过对搜索引擎中关键词的数据分析，就可以得出很多有益的价值，很多公司甚至建立了专门的机构来进行统计。再比如，通过微信公众平台的数据分析，就可以知道哪一类文章更受欢迎，从而升级推送的内容。再比如，国内外众多机构开始采集推特和微博上的海量传播信息及个人属性特征和标签，期望预测社会舆情和社会情感、预测电影票房、预测商业机会，进而期望预测人们的态度和行为。这些都是大数据的价值。

---

37 参见前引 36，张引、陈敏、廖小飞文。
38 参见前引 35，王坚书，第 72–79 页。

当人们的在线行为在互联网上沉淀为数据，这些数据会成为每一个消费者在线上的"画像"。企业可以通过数据精准地了解消费者的行为习惯，从而做出更精准的消费推荐。而人工智能的发展，更是为精准一对一推荐的实现奠定了技术基础。

今日头条是十分典型的例子。"你关心的，才是头条！"这句今日头条的口号很清楚地告诉了我们，它的文章推荐机制是个性化推荐机制，最大化保证推送的精准度，尽量保证对的文章推荐给对的人。归根结底，这个推荐算法的关键还在于对海量用户行为的数据分析与挖掘。个性化推荐的平台有很多，也许各家算法略有不同，但最终目的都是殊途同归：为了实现最精准的内容推荐。比如说，通过获取用户阅读过的文章，推荐相似主题的文章内容；基于用户的地理信息，推荐相同城市的新闻；基于用户的站外好友，获取站外好友转发评论或发表过的文章，推荐用户可能感兴趣的文章；通过计算一定时期内的用户动作相似性，进行阅读内容的交叉性推荐；通过用户阅读的文章来源分布，为用户计算出 20 个用户喜欢的新闻来源进行推荐……

大数据为企业提供了一个有效的契机，可以通过数据分析了解消费者的喜好，从而做到投其所好，这对企业来说是十分关键的。在没有大数据分析的情况下，企业往往只能根据小范围的调研即小数据来了解市场，这也在很大程度上导致了市场判断的局限性。而大数据的进入可以帮助商家更好地了解客户。

2015 年，阿里巴巴即提出客户运营战略方向，带领平台的商家从"流量经营"向"客户运营"转型。客户运营的核心理念有两个方面：其一是精细化，其二就是从过于关注短期经营的成交目标向关注客户黏性、客户体验、客户忠诚度的目标转变。客户运营平台提供了"访客运营"和"会员粉丝运营"两大利器，借助大数据和人工智能技术，帮助商家提升客户运营的效率。2016年"双11"，超过23万商家通过客户运营平台实现了店铺的个性化运营和粉丝会员的精准营销，显著提升了成交转化率。

信任是所有交易的前提。我们之所以购买某一类商品或者服务，是因为我们相信它们的质量能够符合预期，一旦出现问题，能够很好地追溯到商品或服务的提供者。

在过去，这样的信任往往依赖于生产者和消费者彼此之间的熟悉，或者是熟悉朋友的推荐。尤其是在传统社会中，人们的活动范围相对较小，彼此之间知根知底，信任比较容易建立，商品和服务本身也比较简单，消费者有着较强的在购买之前判断商品和服务质量的能力。

然而在现代社会中，随着人们活动范围的扩大和活动类型更加复杂，人们常常会进入自身并不熟悉的地域和领域。人们仍然会习惯性地向熟人寻求帮助，比如说，在到访陌生城市之前，会请朋友推荐当地的饭馆和酒店；比如说，当家里需要装修时，会请有过装修经历的朋友推荐可靠的装修公司。虽然有一些企业能够通过不断规范自身的生产和管理，并且通过各种渠道传播这种可信度，打造成知名的品牌，获得消费者对该品牌的信任，但这样的企业毕竟是少数。尤其对于个性化程度极高的服务业来说，就更难诞生这样的品牌。

因此，大数据不仅可以为"消费者"的消费习惯画像，更能成为评价每一个人的行为的基础，为互联网时代新的信任建立方式背书。总的来说，为建立信任背书的数据主要来自以下两个方面：

首先，行为的线上留痕。当每一个人的线上行为有了自动的数据积累，就可以成为评价个人信用级别的基础。比如说，运用大数据及云计算技术客观呈现个人信用状况的平台和工具"芝麻信用"。它从用户的信用历史、行为偏好、履约能力、身份特质、人脉关系五个维度，依托于信用卡还款、网购、转账、理财、水电煤缴费、租房信息、住址搬迁历史、社交关系等各个方面的数据，对个体信用给出范围在350分到950分之间的评分，分数越高代表诚信程度越高。这无疑是大数据运用到社会诚信建设的重大尝试和巨大进步。

通过这样的方式，"芝麻信用"为每一个用户形成了一个有效的信用机制。这种信用机制高效便捷，且易于查询。对于商家来说，新的信用机制也在形成。商家的服务能力，比如说淘宝商家的发货速度、商品质量等，也可以通过数据被自动记录下来。

其次，评价也成为互联网时代诞生的新的数据。在过去，消费者对生产者的评价是零散的，只通过熟人网络口口相传。互联网鼓励消费者写下评价，沉淀下来，成为评价商品和服务的基础，也是其他消费者决策的重要依据。

比如说，作为全球最早的第三方点评网站之一，大众点评网上积累了大量消费者对商家的评价信息，从而为其他消费者提供参考；淘宝网上积累了大量商家的交易信息和消费者的评价，每一位店家的评分星级影响着消费者能否建立起对商家的信任。

除了对所接受服务的直接评价，在当今社会，一部电影、一本书、一个话剧都可能成为被评价的对象，很多人也会基于这些评分来选择。豆瓣网就是一个十分鲜明的例子。在豆瓣上，人们可以对书、电影、音乐进行评分，所有用户评分的平均分即是该作品的豆瓣评分，并且会随着新的评分的产生而实时变化。

当然，这些评价也有可能面临注水而有一定不公正的嫌疑。但技术的力量可以对虚假评价起到一定的屏蔽作用。同时，即使数据不完全准确，也已经为我们提供了从来不曾有过的相对客观的参考。

第三节　触手可得的云服务

作为一种科技概念的云，首次出现在 2006 年。当时，互联网巨头谷歌推出了著名的"Google 101 计划"，由此带出了云的概念和理论。在此之后，亚马逊、IBM、惠普、微软等高科技企业迅速跟进，纷纷宣布自己的"云计划"。阿里云创立于 2009 年，并迅速成为中国最大的云计算平台；2014 年 2 月，阿里巴巴集团将"云+端"确立为未来十年的重要战略。

作为科技概念的云当然不同于我们一般所指的云，却完美借用了天空中云朵的意象：借助于电脑、手机等终端设备和网络连接，用户可以随时随地接入自己保存在服务提供商的大规模服务器集群上的数据和软件服务，而这些承载数据的服务器存在于一个他们根本看不到的地方，仿佛是在云端。这样的服务提供方式也就被称作"云计算"。它与传统计算的根本区别在于，当你通过电脑、手机等终端设备向云寻求计算服务时，你的电脑或手机并不是真正进行计算的设备。虽然你是在自己的屏幕上看到计算结果，但所有的计算实际上都发生在其他地方。这里的"其他地方"，往往是一个无论在物理上还是法律上都处于你的控制范围之外的数据中心。

通过将计算过程迁移到云上，企业可以在购买、维护和升级企业内部服务器上节省大量人力物力。企业也不再需要以高昂的价格购买软件产品，而只需要按照自己的需求，直接购买与之相匹配的云端服务，从而进一步降低企业运营成本。

某种意义上说，云计算是一种按使用量付费的模式，这种模式提供可用的、便捷的、按需的网络访问，进入可配置的计算资源共享池（资源包括网络、服务器、存储空间、应用软件等）。人们可以快速地获取这些资源，只需投入很少的管理工作，或与服务供应商进行很少的交互。

这其实与电厂集中供电是一个道理：我们每天都要用电，但并非每家都自备发电机，而是由电厂集中提供；在信息时代，我们对信息化生活和办公的需求日趋强烈，但由于技术本身的高成本、高门槛，很难每一个人、每一家企业都搭建属于自己的计算中心，由云统一提供计算服务就成了一种必然的高效选择。

可以说，在信息时代，云计算扮演着信息基础设施的角色。将计算、服务和应用作为一种公共设施提供给公众，使人们能够像使用水、电、煤气和电话那样使用计算机资源，正是云计算的最终目标。

云计算带来的根本性的变化是计算成本的降低和计算效率的提升，人们不需要独立购买和部署计算资源，就可以获得更高质量的服务，按需付费。在此基础之上，云计算可以为企业的信息化提速。

在过去，信息化对很多企业来说是存在困难的，由于其本身开发周期长，建设成本和维护成本不菲，同时安全性和集中管理等方面存在障碍，很多企业只能对信息化望洋兴叹。采用云计算的方式可以大大减少这样的开支。云计算可以按照企业的需求提供相应的计算服务，当企业的业务增加或缩减时，企业还可以动态实时地调整自己的需求，从而在满足业务发展需要的前提下，实现了基础资源成本的最低化。更重要的是，云服务的提供商可以有更强的能力和更多资源去优化计算能力，共享地服务于所有客户。众多服务使用者分摊了技术成本，从而使得每一个使用者都可以得到更强的技术力量的支持。

根据云所提供的具体服务的不同，目前的云计算大体上被分为以下三种类型：IaaS（Infrastructure as a Service）、PaaS（Platform as a Service）和SaaS（Software as a Service）。

所谓IaaS，即"基础设施即服务"，有时也被称作"硬件即服务"。它在云端提供的是信息时代的基础设施，即可供租用的场外服务器、存储和网络硬件等设备。用户不再需要购置自己的服务器，就可以基于 IaaS 提供的存储资源和服务器等，创造自己的开发环境和软件应用。Amazon Web Service（AWS）、IBM 的 BlueCloud 均属于此种类型。

所谓 PaaS，即"平台即服务"，则是为企业或个人提供研发的中间件平台，把开发环境作为一种服务来提供。也就是说，PaaS 向用户提供应用程序开发、数据库、应用服务器、试验、托管等服务，用户可以在其平台基础上定制开发自己的应用程序，并把它们通过其服务器和互联网传递给客户。Google APP Engine、八百客的 800APP 都是 PaaS 的代表产品。

所谓 SaaS，即"软件即服务"，将应用软件统一部署在自己的服务器上，用户根据需求通过互联网向服务提供商订购软件服务，服务提供商则通过浏览器向客户提供软件，并且根据客户所订软件的数量、时间长短等因素收费。早期的 SaaS 主要是围绕企业的非核心业务设计的通用软件模块，比如说在互联网上为用户提供通用的 ERP 系统等等。但是，随着 SaaS 的发展，已经出现了越来越多的定位于垂直细分领域，围绕行业核心业务定制化地打造办公辅助系统的 Saas 平台。Salesforce.com 是提供这类服务的最有名的公司。

事实上，在创业领域，SaaS 已经呈现爆发的趋势。在美国，自从 1999 年基于云计算的客户关系管理 SaaS 服务提供商 Salesforce 创立以来，SaaS 已经成为美国创投界的重要组成部分。

目前，在美国的上市企业中，SaaS 公司成为重要的新生力量。
Salesforce 于 2004 年 6 月在纽约证券交易所成功上市，目前市值
480 亿美元，已经成为 SaaS 服务巨头。据《2015 年度中国电子商
务市场数据监测报告》显示：2015 年，中国 B2B 电子商务市场交
易额达 13.9 万亿元，同比增长 39%；SaaS 领域共有 344 家创业公
司成立、409 起融资事件，融资额高达 232 亿元。[39]

　　除此之外，在商业领域，SaaS 所能提供的服务已经非常完善：
从最初的客户关系管理、供应链管理到后来的销售管理、人力资
源管理、客服管理、项目管理、通讯 OA 类、进销存类、财务报
销类等职能，几乎覆盖了企业"衣食住行"的所有需求。

　　在美国，法律领域已经出现了许多 SaaS 方面的探索，其中一
个典型的例子就是电子证据交换。

　　在证据交换这一环节，过去双方往往会交换纸质文件，数量
甚至多达好几箱。但慢慢地，随着纸质文件被电脑直接生成的内
容替代，电子邮件、声音邮件、电子日历、手持设备上的数据、
照片、网页等电子证据越来越多地出现。许多公司倾向于在公司
内部搭建系统，进行电子证据的识别、保存、收集、分析和展示，
但这样的系统灵活程度不高，技术更新较慢，基于 SaaS 技术的电
子证据交换平台逐渐成为一种趋势。

　　除此之外，欧美律师行业中也已经出现了客户与律所共享的
网上交易室，以及建立在互联网基础上的合作平台。在这里，与

39　李银："谁能成为下一个阿里巴巴"，载《瞭望东方周刊》2016 年 6 月刊。

交易和争议相关的文档可以很容易地被储存和修改。此外，像时间记录、计费管理和客户关系管理这样的功能也是最容易走上云端的。

不过，即使在欧美，云计算当前也尚未成为律所信息化建设的主流选择。这在很大程度上是由于律师们对云的安全性的担忧。

一种质疑是对将信息外置本身的不放心。在一些人看来，只要信息不被存放在律所内部，脱离了律所的掌控，就存在很大的安全风险。这样的担心其实是基于对律所信息系统安全的乌托邦式的信任。但事实上，云上的和律所内部的软件都可能遭遇安全问题和数据泄露。它们的不同点在于，在大多数律所中，并没有充足的保障信息安全，守护数据隐私的人员。正因如此，律所被黑客攻击，信息泄露的事件在英美频频发生，即使是 Cravath 这样的老牌精英律所也难以幸免。但是在云上就不同了，信息的安全和管理是由经过训练的专职专家守护的。这是云服务的业务核心所在，云服务的提供者也会因此投入所有的资源和经验，保护数据不受来自内部和外部的攻击。也就是说，与大家担忧的这一点正好相反的是，把信息存在云上，恰恰比存在律所内部信息系统里更安全！

另一种质疑认为，使用云服务是将客户的信息交给了第三人，从而违背了律师对客户的保密义务。

这个问题在美国律师行业也已经有过许多争论，由律师职业道德委员会签发的一项意见则表明了行业最终的基本立场：只要律师采取了合理的措施来预防信息被非法公布，将客户信息存储在云上并不违反职业道德。虽然美国律师协会的执业行为规范规定，律师必须尽职地保护客户的信息不受律师和其他参与代理、受律师监督的人的非法披露，必须对可能的客户信息的泄露采取合理的预防措施（reasonable precautions），但越来越多的人都开始意识到，在一个不断变化的世界中，这一规范的适用方式也应该发生变化。

在云计算已经渐成常态的今天，单纯地固守"不能将信息交给第三人"的规定而拒绝任何意义上的云服务，无疑是刻板和落后的，也并非这一规则订立的初衷。

这项意见强调，律师的合理预防义务并不意味着律师必须保证电脑储存系统不受任何非法侵入。相反地，它意味着律师必须对需要采取什么样的步骤来预防非法侵入有着可靠的专业判断。这也就意味着，律师应该仔细辨别和挑选可靠的云服务提供者，从而预防信息泄露的出现。只要做到了这一点，律师就尽到了对客户的保密义务。

同时，云计算这一技术本身也在不断进步。比如说，Microsoft Azure、阿里云这类企业级的云计算平台，已经允许用户使用自己的加密密匙，这让一些原本较为保守的律师事务所也愿意在未来采用越来越多的云服务。毕竟，降低成本、提高效率始终是律所革新的重要推动力。

事实上，在美国律师行业，云计算被认为是2016年最值得关注的科技，越来越多的人和律所都开始接受云服务，并将其视作不可阻挡的发展趋势。而在中国律师行业，无讼推出的"加速器计划"也正在做这方面的探索。通过提高全行业信息化水平，加强行业基础设施建设，云端的 SaaS 也将为中国律师行业提供绝佳的跨越式发展的机会。

第四节　人工智能时代来临

人工智能概念的提出是在 1956 年。在当时由美国达特茅斯学院的年轻数学教授约翰·麦卡锡（John McCarthy）组织的夏季研讨会上，科学家们最终抛弃了"控制论""自动机研究""复杂信息处理""机器智能"等名称，决定用"人工智能"为这项新技术命名。

当时他们是这样界定人工智能的："这项研究建立在一种猜想的基础之上，那就是学习的每一方面或智力的任何其他基础，原则上都可以准确地描述，并由机器模拟。我们将尝试，来寻找制造能够使用语言、提炼抽象概念的机器的方法，解决现在仍属于人类的各种问题，并完善人类自身。我们认为，如果一批优秀的科学家在一起研究一个夏天，那么这一领域中的一个或多个问题就能得到显著的推进。"[40]

尽管当时计算资源匮乏，但科学家们对人工智能的未来无疑是极其乐观的。"我们最终的目标是创造能够像人类一样高效地

40　[美]约翰·马尔科夫：《与机器人共舞——人工智能时代的大未来》，郭雪译，浙江人民出版社 2015 年版，第 114 页。

从经验中学习的程序。"麦卡锡在那时写道。

在这之后，麦卡锡和求学时期的好友，也是达特茅斯夏季研讨会的主要参与者之一，马文·明斯基（Marvin Lee Minsky），共同加入了麻省理工学院，并在这里成立了人工智能实验室。不过，他们后来却迈向了两种不同的研究方向，并且最终分道扬镳。

麦卡锡提出的是以规则和逻辑为基础的方向，这在之后很长一段时间内都是人工智能的主流方向。在加盟斯坦福大学，建立人工智能实验室之后，麦卡锡开启了早期对机器视觉以及机器人的研究。随着自然语言识别、计算机音乐、专家系统的出现，这一时期也成了人工智能的第一个黄金时期。

值得注意的是，麦卡锡的实验室催生了人工智能的一系列子学科，其中就包括知识工程。这一系统的目标是捕捉并组织人类知识，提倡"将科学家、工程师或经理人的专业知识打包汇总，并将它应用到企业数据中"。这一学科最初是对人类有机化学专家解决问题的策略进行自动化研究，帮助他们识别未知有机分子，后来则出现了一批致力于开发此类技术的企业，比如说将商业贷款和保险承保的知识打包，开发出"贷款顾问"和"承保顾问"程序，将它们作为信息工具提供给企业的 Syntelligence。

不过，人工智能的实际发展速度却并未像理论设想的那么快。在 20 世纪 80 年代初的"人工智能的冬天"里，Syntelligence 的创始人被迫出走，人工智能公司一家接一家地走向崩溃，有的是因为资金问题，有些则是因为回归实验研究或重新变回了咨询公司。

明斯基提出的方向是神经网络。神经网络是一些数学结构，由节点或神经元组成，这些节点又通过代表"权重"或"矢量"的数值相互连接。它们能够通过一系列图像和声音等模式的训练，最终识别出相似的模式。不过，这一方向在最初并不被看好，连明斯基自己也表达了对这一路径的怀疑。

人们对神经网络的热情直到 1978 年才被点燃。这一年，哈佛神经生物学博士特里·谢伊诺斯基（Terry Sejnowski）和英国心理学博士后杰弗里·辛顿（Geoffrey Hinton）找到了一种将原有神经网络模型改造成一种更强大的学习算法的方法，从而模仿人类通过观察实例、总结泛化来学习的方式。基于此，他们开发了一个名为 Nettalk 的语言学习项目。在逐步学习了文字量较少的儿童读物语言、五年级学生讲述的一则学校生活故事和一个记录有两万余个单词的字典之后，它能够学会发音，进而像五年级学生一样说话，甚至朗读自己从未见过的新词。

进入 2000 年以后，计算能力的不断进步让打造大规模神经网络成为可能。同时，神经网络研究的另一个关键成分——用来训练网络的大型数据集——也随着全球互联网的出现而成为现实。

云计算这一新的计算能力集中方式能够连接数十亿移动传感和计算系统——智能手机，从而让神经网络的训练变得越发简单。能够轻易获取的互联网数据集和低成本的众包劳动为神经网络研究带来了训练所需的计算和人力资源。

微软、谷歌、Facebook 等巨头的加入让这个领域再次热闹了起来。"这一领域已经走出了 20 世纪五六十年代有关人工智能可行性以及正确方向在哪里的疑问。如今，包括概率数学在内的技术已经重新改造了这一领域，将它从学术界的私藏转变为一种能够改变当今世界的力量。"[41]

可以说，今天的人工智能是由大量数据和超级计算能力驱动的。

移动互联网的连接使得海量数据在线上沉淀，同时，人类今天的超级计算能力也是此前不曾具备的。按照摩尔定律的说法，人类的计算能力在以每一年半翻一倍的速度快速增长。今天每个人的手机的计算能力，就已经远远超过了当年全球运算速度最快的银河亿次计算机。当大数据和超级计算这两者结合起来，就可以发展出人工智能。

2016 年 3 月，著名的 AlphaGo 震惊全人类。它的原理就是，把围棋定式算法转化为黑白点的数据问题，建立起人工神经网络的机器学习模型。除此之外，人工智能越来越广泛地应用到我们的生活当中，很多领域通过人工智能的方式都实现了新的飞跃。

比如说基于数据挖掘的推荐引擎产品今日头条，它的广告语是"最懂你的信息平台"。它有一套推荐系统，用算法猜测用户的真实喜好和意图。当你打开任意一篇文章，今日头条后台的服务器就知道你看了什么样的新闻，并且基于这样的判断实现个性化推送。事实上，每个人在自己的今日头条上看到的信息是和别人不一样的，这就是今日头条利用算法做的内容推荐。

比如说，在交通领域，通过引入人工智能，就可以分析道路

41　参见前引 40，约翰·马尔科夫书，第 156 页。

摄像头采集到的信息，由系统做出算法决策，然后再传回交通设施上，由此调节红绿灯，纾解交通。这将大量节省交警的人力，道路车辆的通行速度也能得到有效提高。在这一方面，"杭州城市大脑"已经开始尝试。

在医疗服务这样的专业服务领域，当系统能够获取足够的医疗大数据，就可以通过对这些数据的不断学习，发展出医疗领域的人工智能，辅助医生进行诊断。目前，IBM Watson 的肿瘤治疗项目已经能够为医生提供基于数据支持的诊疗计划。通过对病历中结构化或非结构化的数据及报告进行整理，Watson 得以结合病人的资料及临床专业知识，制定病人所适合的治疗计划。除此之外，IBM 的另一个名为 Medical Sieve 的算法能够承担"识别助手"的工作，对于放射科及心脏科的医学影像图片，它能够在短时间内辅助分析，并给出可靠的诊断建议。这样一来，放射科医生只需要对一些疑难病症进行再次核查，工作压力会大大降低。

未来，随着各行各业数据的不断积累和计算能力的进一步提升，人工智能将取得更大的发展，从而获得更广的应用空间。

在 2016 年下半年发布的《美国法律服务未来报告》(Report on the Future of Legal Services in the United States) 中，美国律师协会郑重地提出建议：法律职业的所有成员都应该对相关的科技保持关注，与时俱进。

它在报告中强调，时刻紧跟法律及其作业方式的变化，包括相关科技进步带来的益处与风险，是律师应该履行的职业义务。律师们尤其应该对那些提升法律服务的可获得性，让这些服务对公众来说更易购买的技术保持关注。为了帮助律师履行这一义务，律师协会会提供科技领域的继续教育，通过网页内容、电子邮件、期刊文章等方式教育它的成员。这些措施无不凸显了美国律师行业对待新兴科技的积极态度。

这个建议对于中国律师行业也同样适用。互联网、大数据、云计算、人工智能，每一项技术都为信息的传递、储存、应用带来了新的可能。在这一轮的技术变革中，当包括教育、医疗等传统专业服务行业在内的许多行业都因为这些新兴技术发生改变，当商业的逻辑因为这些技术有了新的趋势，法律服务行业也一定不会置身事外。恰当地运用这些技术，把握这样的趋势，将有可能突破此前中国律师行业的发展瓶颈，实现法律服务质量、效率和客户体验的进一步提升。

Part 4

法律服务的
全面变革

技术已经为社会带来的变化是让人眼花缭乱的。在互联网、大数据、云计算、人工智能等新兴技术的支持下，我们的生活与工作方式已经和十年前大为不同，甚至和五年前比起来，也已经出现了许多根本性的变化。在这样的变化浪潮中，律师行业很难岿然不变。事实上，线上交易的发展、更灵活的就业方式的出现、市场拓展方式的变革、信息化成本的降低等等，无一不为我们思考未来律师行业的变化提供了很好的参考。

虽然就目前而言，技术对律师行业的变革仍然是有限的，法律服务的提供方式仍然十分传统，但这并不意味着变革不会在未来到来。事实上，我们相信，当互联网降低了信息传递的成本，人们可以通过互联网更方便地联系到律师，律师之间也可以通过互联网进行更加便捷高效的协作。除此之外，大数据、云计算、人工智能对专业知识储存、分析能力的增强将是更加根本性的。这将在两方面突破专业服务的门槛：评价律师的门槛和自助获取法律知识的门槛。无论是法律服务行业的市场环境还是法律服务的提供方式，都可能因此面临改变。

第一节　重塑法律服务获客逻辑

在互联网时代，律师与客户建立关系的方式将首先发生变化。这主要是指法律服务价值链中获客和谈判的环节。这是法律服务的前提，也是整个法律服务市场运转的基本逻辑。

在法律服务中，建立信任是最为关键的环节。正是因为法律服务的专业门槛高，普通人很难辨别律师的专业能力，人们才更多地选择了通过人脉网络寻找律师，把信任建立在熟人关系之上。在互联网时代，如果仅仅通过互联网打通律师与法律服务需求方之间的沟通渠道，而难以突破信任的门槛，这样的连接的意义是有限的。但是，大数据却带来了建立信任的新的可能。而一旦信任难题被突破，法律服务的市场逻辑或许也将迎来更大的变化。

一、用数据建立信任

当其他行业在热烈地讨论大数据，并且将大数据应用于市场拓展、行业分析等诸多方面，在法律行业，越来越多的数据其实也正在沉淀和出现。

这样的数据，一方面是通过各种公开渠道可以获取的静态数据。比如说，从公开的裁判文书法律大数据中，可挖掘出全国诉讼律师的执业信息，为每一位律师"画像"，而且随着公开信息的增多，这样的"画像"甚至可能扩展到律师的非诉业务；比如说，从各类政府网站获取的法律法规数据；比如说，在律师行业里，司法行政机关和律协掌握着所有律师的注册信息、执业登记信息等基本数据；比如说，在法院系统里，留存着律师的案件代理状况、提交的代理意见等数据；比如说，在教育机构里，留存着所有律师接受教育和培训的信息……

另一方面则是由律师的在线行为沉淀的动态数据。在法律行业，自 2014 年 1 月 1 日《最高人民法院关于人民法院在互联网公布裁判文书的规定》正式实施以来，在中国裁判文书网上公开的越来越多的裁判文书成为整个行业宝贵的数据财富。截至 2018 年 3 月，在这一网站上公开的裁判文书已经超过了 4600 万份。再加上在各级地方法院网站上公开的裁判文书，线上公开的裁判文书应该已经突破了 5000 万份，这无疑是一个十分庞大的数字。如果再加上律协、司法行政机关等机构的数据，整个静态法律数据的量应该达到更大的规模。

不过，这些数据或许还说不上是真正的大数据。正如前文所言，真正的大数据的产生并不依赖于对线下数据的人工上传，而应该来源于人们线上行为的自然沉淀。这样的动态数据将更为全面地记录人们的在线行为，从而使数据量呈现爆发式的增长。同时，由于少了人工上传的环节，数据获取的成本也大大降低。这样的动态数据，将形成对静态数据的有力补充，同时也将是未来数据积累的主要趋势。

这样的数据，随着越来越多法律互联网产品的出现，其实也在逐渐增多。以法律互联网公司无讼的实践为例：自 2014 年 8 月创立以来，无讼推出了面向法律人的专业阅读工具和检索工具，提供内容阅读和发表、案例和法规检索服务。所有用户使用产品的行为都将在线沉淀下来，只要对这些数据进行深度分析，就可以了解每一位用户的执业领域和专业兴趣，甚至通过用户之间的评价、点赞，沉淀来自律师同行的评价数据。除此之外，当律师通过无讼提供法律服务，整个法律服务过程的数据都将在无讼平台上被记录，除此之外，客户的评价数据也会成为评价律师能力的重要数据。截至 2017 年 9 月，无讼已经累计了超过 2 亿条用户行为数据。

将这些静态的和动态的数据综合起来，就可以形成一个多维的律师评价体系。它是全面的，完全可以涵盖每一位律师；同时，它也是客观的，数据采集者的主观意愿可以被降到最低。

将这些静态数据和动态数据整合在一起，通过新兴的数据解构方式，我们可以让机器读懂这些文本，解读出和法律规则、交易规则、诉讼参与人等有关的重要信息，并且发现数据之间的关联。只要以每一位律师的身份为维度，机器将可以建立起围绕着每一位律师的数据体系。无讼推出的无讼名片，正是用大数据为律师画像的一种尝试。

在这类工具的支持下，法律服务需求方即使面对陌生的律师，也可以了解他的专业能力和曾经提供服务的情况，从而更好地建立信任。

无讼名片：用大数据为律师画像

无讼名片，一款致力于用案例数据为律师画像的法律互联网产品。通过将律师与案例数据关联匹配，无讼名片致力于展现律师的专业领域和执业经验。它主要实现了这样几个功能：

首先，将目前公开的裁判文书与案件的代理律师关联起来。每一位诉讼律师都可以找到专属的名片主页，这里展示着每一位律师在曾经代理的一个个案件中取得的裁判结果。

其次，把每一位律师代理过的案件分别按照业务领域和受理法院进行归类。每一位律师在哪一个领域代理的案件最多，拥有的执业经验最长，最经常去哪一家法院，都一目了然。

最后，律师们还可以认领自己的专属名片，并根据自己的专业技能编辑标签，补充上传以前未曾上网的案例、教育经历信息、工作经历信息和个人职业照片，让自己在互联网上的形象更丰富、更生动、更立体。

当然，无讼名片这一产品上呈现的维度还十分有限，但已经可以在一定程度上帮助律师形成一幅清晰的"画像"。即使是此前丝毫不认识的陌生人，也能通过这样一幅数据"画像"，知晓律师的擅长领域和执业经历。

这或许将真正改变展现律师专业能力的传统方式。我们不再依靠泛泛的自我描述，也不必依赖于同行的口碑和推荐，案例大数据的客观"画像"自会提供有力佐证。截至2017年9月，已经有超过5万名律师在认证自己的无讼名片，大约占中国律师总人数的15%。

大数据带来的变革不仅仅体现在提供客观评价律师的数据基础上，同时也体现在这一评价体系所覆盖的广度上。在过去，行业内也有不少有较高公信力的律师评价制度，其中最为典型的有以下两种：

一种是由律师主管机构或者律协为律师评级。无论是"全国十佳律师""司法部部级文明律师事务所"的评选，还是诸如"一级律师""二级律师""三级律师"这样的行政式律师分级办法，都的确在一定程度上为行业树立了标杆。

另外一种则是市场机构的评价。诸如钱伯斯、*ALB*（《亚洲法律事务》）这类法律评级机构广泛搜集律师个人业绩、客户评价、同行评价等数据并进行整合和评估，为法律服务的潜在客户提供指引。

但是，除了评选标准的主观化以外，这两种评价方式都存在着一个巨大的缺点，那就是覆盖的律师范围极其有限。在整个律师行业中，只有极少数律师能够获得由官方机构颁发的奖项，或者入选市场评价机构的榜单。这些律师往往是行业内比较顶级的律师，提供服务的价格也相对高昂。对大多数法律服务需求方来说，他们并不能为基础的法律服务问题支付如此高昂的成本。对于那些资历更浅，同样可以就基础的法律服务需求提供优质服务的律师，虽然聘请他们提供服务的价格也更低，但是却由于没有被评价体系覆盖而难以获得法律服务需求方的信任。

基于大数据的评价体系则可以填补这一领域的律师评价空白。无论是公开的裁判文书等静态数据，还是基于互联网上的在线行为沉淀的动态数据，它们覆盖的律师范围都是数十万计的，甚至可以覆盖全行业的律师。每一位在律师协会有过记录，在法院代理过诉讼案件、使用过相应互联网产品的律师，都会留下数据痕迹，成为评价律师的重要基础。

不同于传统法律评级，这样的评估不需要事后的人工调研，而是在律师工作中实时产生的。如果说传统的评级机构是法律服务市场的调研者，基于互联网的律师评级则是法律服务市场自身在"发话"：这个市场中不断开始和结束的无数次法律服务，30万名律师在每一次法律服务中的每一个动作，收获的每一个评价，都可以作为数据被互联网搜集和整合，转换为所有人都能轻易读懂的评价。

可以预言，未来的律师评价将可以不再依赖任何第三方机构。在互联网平台上，律师的所有碎片信息——律师发表过的文章、代理过的案件、客户的评价、同行的评价、法官等其他法律服务参与方的评价等等——都可以被整合，从而实现对律师的更为全面和客观的评估。

在这样的评价机制里，律师们需要做的，只是尽可能地在互联网平台上分享自己的见解和执业经验，邀请客户、同行和法官对自己做出评价，让这些碎片信息能够被尽可能地采集、整合和评估。

每每提到覆盖更大范围乃至全行业的律师评价体系，常常会有律师提出这样的担忧：青年律师在执业经验和相应数据上的匮乏是否会成为参与市场竞争的劣势，从而使得资深律师更容易获得服务机会，青年律师的处境将更加艰难。

答案恰恰相反。这其实也是基于大数据的律师评价体系不同于传统律师评级评价的一点。除此之外，大数据带来的信任建立方式的变革还有另外一个不同之处：传统评级往往旨在评选出行业内最为资深或者在某一个业务领域最为优秀的律师，而大数据评价律师的目的则是为法律服务的达成提供客观的数据基础。不同的法律服务难度不同，对经验的要求也就不同，在某一领域内能力最强的律师并非所有法律服务最佳的匹配者。相反，资深的优秀律师往往提供服务的定价也更高，反而不适于寻求相对低价的法律服务的客户。

因此，律师评价体系不是为了评价而评价，而是为了更好地配置法律行业内的资源而评价。法律大数据能够为律师能力评价提供客观依据，但这并非配置资源的唯一因素，价格、服务意愿等因素也应该被一并纳入考虑。

从这个意义上说，青年律师将因此获得与自身服务能力相匹配的更多服务机会，而不会面临生存空间被挤压的问题。

当然，仅就目前法律行业的数据积累而言，数量和质量都是远远不足的。

在静态数据的部分，虽然近年来法院依托信息化和司法公开，向社会公开了裁判文书，但相较法律体系和司法体系的庞杂，裁判文书的数量还十分有限。除此之外，裁判文书的上网公开实际上只是审判结果数据的在线化，审判过程数据等方面的开放程度还不够，更多有关律师在审判过程中的业务表现的数据难以获取。

而就裁判文书的质量而言，尽管最高人民法院在 1993 年就下发了《法院诉讼文书样式 (试行)》，对裁判文书的结构进行规范，但在实践中，各地往往有自己的实施细则，标准并不统一。而就具体的文书内容而言，不规范的情况也时有出现，除了写错时间、法院名称、文书类型的错误情形，缺案号、缺文书类型、缺法官信息、缺法院裁判观点等情况也时常出现。而在具体项目的表达上，"原告诉称"常被写为"原告某某诉称""原告诉辩称"，"被告辩称"常被写为"被告向本院辩称"，"本院查明"常被写为"本院经审查认为"等等。据统计，有这样那样的"数据瑕疵"的裁判文书，占到全部公开文书总量的20%以上。这样的瑕疵，对于让机器更好地识别和读懂裁判文书是不小的挑战。

除此之外，现有法律大数据中的数据类别还不完整。目前，只有法院的裁判文书上网公开形成了固定的公开制度，法院、检察院、公安、司法行政机关、律师行业协会的数据掌握程度和公开程度都还有很大的发展空间。

在动态数据的部分，目前律师在线工作的习惯尚未养成，律师工作的成果往往保存在本地的电脑里，律师与客户沟通、反馈工作结果的情况也没有被系统性地在线记录。目前，任何一款互联网工具对律师工作的渗透都远远不足，大量和律师工作相关的数据难以自然地在互联网上沉淀。

这些限制导致目前法律大数据的量仍然十分有限，甚至称不上是严格意义上的"大数据"，这也就必然导致评价律师的数据维度的有限和数据本身的偏差。如果只在目前数据量的基础之上去试图建立法律服务需求方对律师的信任，仍然可能出现数据不足和由此带来的说服力不足的问题。

但是，法律大数据的积累必然是一个持续的过程。随着裁判文书等法律数据的持续的、更深度的公开，随着律师提供法律服务过程、司法审判过程等法律工作越来越多地在线上完成，更多关于律师过往表现的数据将在互联网上沉淀。而结合客户评价、律师评价、法官评价等数据，数据将会更准确地为律师画像，从而让法律服务需求方即使面对陌生的律师，也能对律师的能力和过往服务情况有初步了解，从而促成信任的建立。

而在数据支持的基础之上，如果律师的未来的服务流程变得更加明确，服务过程变得更加清晰，让客户对未来的无形的服务有更好的预期，无疑将更好地促进信任的形成。关于未来法律服务流程的变化，我们将在后文加以详述。

二、透明无边界大市场的形成

一旦传统法律服务的信任门槛被大数据突破，在线的法律服务市场将真正成为可能。对于法律服务的需求方而言，哪里有执业律师，他们过往的服务经历如何，服务价格如何，都会清晰地呈现在互联网上。

在过去，人们普遍面临着不好找律师的问题。找到律师难，判断律师的能力难，信任律师难，找到若干备选的律师，从中挑选最适合自己的律师更难。虽然中国律师人数已经超过了30万，但对每个有法律服务需求的人而言，他们能够触达和建立信任的律师往往受到自身人脉网络的限制，实际能够接触到的律师资源十分有限。

但是，在互联网上，人脉网络的限制和地域的隔阂都将被打破：法律服务需求方将可以接触到海量的律师服务资源，从中选择合适的服务提供者；对于律师而言，他们将在这样的平台上就自身的服务能力展开更充分的竞争。

当然，可能的疑问是：一方面，客户面临海量的可供选择的律师，选择本身是否会成为客户的负担。从成千上万名律师中遴选出适合自己的律师，这无疑需要花费大量的时间和精力，反而增加法律服务的交易成本。另一方面，为了实现对律师能力的精准评价，必然会涉及相当繁复的评价维度。并且，其中的一些维度，比如说律师过往代理案件的情况、涉及的领域甚至最终服务结果，对于缺乏法律知识的客户来说，仍然有理解的困难，从而无从评价。这样的透明市场对客户而言仍然是有很高的专业门槛的。

有法律专业背景的中间服务平台是一个可行的解决方案，由 LOD 创建的 Spoke 项目即是一个典型的例子。虽然在 LOD 上提供服务的律师还不多，但是它的服务模式已经受到了市场的认可，在 2014-2015 年度，其收入达到了 1230 万英镑。此外，它还在 2016 年的法律服务商业大奖（Legal Business Awards）上获得了年度法律服务变革者（Legal Innovator of the Year）的奖项。

Spoke，线上的法律服务市场

Spoke 是由法律服务公司 LOD 发起的线上法律服务市场。所谓 LOD，它的全称是 Lawyers On Demand（按需律师），是英国博闻律师事务所（Berwin Leighton Paisner LLP）在 2007 年发起的替代性法律服务机构，致力于改变人们工作的方式。他们拥有分布在全世界八个地区的办公机构，拥有超过 700 名可以被随时调用的优质律师和咨询顾问。无论是预算有限的公司法务部门还是希望提高利润率的律师事务所，他们都可以提供帮助。通过 Spoke，他们希望把海量的按需提供服务的律师与机构联系起来。

用户只需要在线上提交法律服务需求，Spoke 的项目经理就会向客户提供与之匹配的优质律师的名单。客户自己对律师的履历和简历加以评估，并且可以直接与选定的律师展开对话。通过这样的方式，用户能以比通过传统律所寻求服务更低廉的价格获得优质的律师服务。据 Spoke 网站显示，他们可以为客户节省超过 60% 的法律费用支出。

10 年前，LOD 就拥有了第一批愿意灵活提供服务的律师，而在这些年来，LOD 积累了丰富的关于如何更好地为客户匹配律师的经验，这些经验将帮助它们更好地为客户提供合适的律师。同时，它们也在探索以更加透明的方式完成相对标准化的法律工作。

除了以人工的方式，由拥有法律背景和法律服务匹配经验的个人为客户寻找律师，提高客户寻找律师的效率和准确度，人工智能的发展或许也可以为解决这个问题提供方案。

客户选择合适律师的过程，实际上就是根据客户面对的法律问题，寻找到拥有相应能力的律师的过程。而具备相应能力，往往体现为，这位律师此前受过这一方面的专业训练，或者在这一领域有比较丰富的服务经验。法律专业人士或许能凭借自身的专业积累，在法律问题和律师的服务数据之间建立起关联。对于机器而言，只要经过充分的训练，同样可以完成这样的工作。

这方面，无讼进行了有益的实践。无讼研发了一款名为法小淘的法律人工智能机器人。在阿里云底层技术的支持下，无讼用机器学习的相关算法建立起了一套文本与案例之间的初始相似模型，并且用无讼案例数据库[42]中海量的案例、法规等数据对法小淘进行训练。它会不断地自主从这些数据中汲取养分，在数据与数据之间建立起越来越准确的关联，相似模型本身也会在这个过程中不断优化。

当客户用自然语言向法小淘表述自身遇到的法律问题和对法律服务的期待时，法小淘可以找到这类文字与裁判文书的关联，进而找出三位在这一领域中经验最为丰富，与客户的需求最为匹配的律师，供客户做出进一步的选择。

法小淘亮相云栖大会，实现智能律师遴选

由阿里云与互联网法律服务机构无讼网络科技联合举办的"法律之光"专场上，无讼推出了一款名为法小淘的法律人工智能产品。在发布会上，当无讼创始人蒋勇对法小淘说，"我是杭州XX公司法务，在互联网领域做数据分析和数据挖掘，现在发现广州XX公司抓取我公司数据，仿冒我公司的广告语，与我公司已存

---

42 法律互联网公司无讼研发的法律检索工具，截至2018年3月，已经收录超过5000万份裁判文书。

在竞争关系，我想找相关的律师"，它就立即分析出这种情况属于不正当竞争纠纷案由，引导蒋勇进一步提供了索赔金额、诉讼地等关键词，据此从 30 万律师信息中找到了 3 位合适的律师。点击打开律师详情，可以看到律师的律所、同类案件数量、同法院案件数量、标的额区间等信息的确与本案高度匹配。

不同于此前传统的法律服务市场，法律服务的匹配效率在这个无边界的大市场里得到根本性的提升。

此前，当人们有了法律服务需求，往往会通过熟人关系寻找律师。这样的方式是效率低下的，即使人们找到了律师，律师也不一定有能力和意愿为其提供法律服务。

也正因如此，律师们往往会通过案源转介的方式，帮助人们重新匹配更加合适的服务律师。当然，这里的"案源转介"是一个广义上的概念，它其实主要包括两种情形：一种是律师的能力与客户的需求不符，比如说，客户的需求和律师的专业领域不符，或者律师的能力不足以胜任，律师往往会将服务机会介绍给其他能力更为匹配的律师；另一种则是律师的服务意愿与客户的需求不符，这往往是客户愿意支付的价格不高，律师不愿意亲自提供法律服务，便会把服务机会介绍给其他律师，或者交给团队内的其他律师完成。

虽然这样的案源转介机制可以帮助客户匹配合适的服务律师，但却往往意味着更高的时间成本和机会流通成本。许多律师事务所通过在内部建立案源再分配机制，在一定程度上起到了降低法律服务交易成本的作用，但是，这样的机制局限在某一家律师事务所的范围之内，而不能在更大的范围内调动优质律师服务资源。

而在一个无边界的线上市场里，这样的问题可以得到更好的解决。当律师专业能力和客户需求都被解构，完成数据化，就可以即刻为客户需求精准匹配合适的服务律师。

除此之外，在这样的线上市场里，法律服务的价格也变得更加透明。

在过去，案件究竟应该收多少律师费才是合理的，是律师和客户都感到十分困扰的问题。尽管有律协的指导性定价，但是由于市场信息的不透明，律师仍然很难把握收费标准，畸高畸低的情形时有存在。但是，如果全国的律师和当事人都愿意到互联网平台上贡献律师收费数据，就能够快速获取并统计同类案件的市场平均价格，结合案件难度为诉讼代理寻求合理报价。法律服务需求方也可以了解到类似法律服务的市场价格，从而更好地评估律师的报价，法律服务谈判过程的效率也可以因此大大提高。

第二节　作业方式的"工业革命"

互联网改变的不仅仅是法律服务需求信息和律师评价信息的传递。法律服务的基础——法律知识——本身也是一种信息，在互联网时代，人们获取、应用这类信息的方式也会发生变革。

一、更便捷的法律知识获取

互联网降低了信息传递的成本，通过互联网，人们首先可以用更加便捷、低成本的方式在线获得法律知识。无论对律师还是普通民众而言，只要在互联网上搜索，就可以找到大量的法律知识内容。

除此之外，互联网带来的另外一种变化对法律知识生产的影响也是根本性的，那就是互联网的去中心化。正如我们在第三章中提到的，互联网改变了传播方式，话语权不再由传统媒体垄断，每一个人都能够在互联网上分享知识与经验。在法律服务领域，越来越多的律师和使用过法律服务的人，都可以在互联网上分享自己的专业知识，从而提高整体法律知识在线积累的速度，带来线上法律知识的"大爆炸"。

对律师而言，过去，他常常只能通过书本和指导老师的亲身传授才能够获得法律知识，但对于这样一门实践性极强的学科，许多问题常常难以从书本中找到答案。互联网让每一个人都可以成为知识的分享者。无论是执业经验还是对某些实务问题的探讨，律师们都可以通过文章、在线讲座等形式，在互联网上分享，其他律师也可以因此获得更鲜活的学习资料。对普通民众而言，也可以因为互联网的开放获得更多学习法律知识的途径。

而当线上的知识沉淀到一定程度，在互联网产品研发能力的支持下，标准化的法律服务知识可以沉淀在系统中，为人们提供自助式的法律服务。从目前的发展来看，已经出现的自助式法律服务主要有这两类：一类是法律文件生成，一类是基础法律咨询的解答。

在法律文件自动生成方面，美国老牌法律互联网项目LegalZoom 是典型的例子。在国内，也已经出现了"简法帮"这样的法律服务平台，专注于为创业者和初创型企业提供交互性法律文件在线自制服务，产品涵盖天使融资和股权期权激励全套法律文件的免费自制服务，股权架构设计的代持协议、合伙协议以及各类企业日常合同的文件制作服务等方方面面。用户只要通过网页版或手机版轻松填写，即可免费生成符合市场主流实践需求的专业文件，轻松预览和下载。

LegalZoom：在线法律文件生成平台

LegalZoom 是 由 Brian Liu、Brian Lee 以 及 Eddie Hartman 在 1999 年创立的互联网法律服务平台，一直为中小企业以及个人提供法律文书服务。相比直接去律师事务所委托律师而言，LegalZoom 提供了更加简单而廉价的方案，来帮助客户解决他们的问题。用户可以直接登陆 LegalZoom 网站，通过一步一步回答问题的方式将自己的需求描述清楚，然后得到自己所需要的法律文书。比如，用户如果要注册商标，那么可以登陆网站，直接选择注册商标这个服务，然后一个接一个地回答问题，最后得到一份合乎规范的商标申请文件。

通过这样的方式，LegalZoom 大大降低了法律服务的成本，从而使得中小企业和个人可以付出更少的费用，获得质量相对有保障的服务。根据 LegalZoom 在 2012 年 IPO 时发布的招股说明书，2011 年，LegalZoom 拥有 200 万名客户，单年订单数达到了 49 万单。LegalZoom 的营收一直在稳步增长，从 2009 年的 1.03 亿美元，到 2010 年的 1.21 亿美元，到 2011 年的 1.56 亿美元。

基础法律咨询的自动解答，则是基于对法律知识的深度整理。比如说，国内的法律互联网产品"推之"就曾尝试对交通赔偿、劳动纠纷、婚姻家事三个领域的知识进行整理。它重点搜集了两个方面的信息，一部分是确定的法律要素，一部分是事实要素，来源则主要包括海量网络数据抓取及合作律所的数据支持。以离婚案为例，孩子在两岁以下，一般归女方，这就是法律要素；而根据数据分类、梳理出来的有关抚养权的常见问题，则为事实要素。推之团队的知识工程师各攻一个模块，梳理数据、搭建知识架构后，交由聘请的专家进行监督和质量把控。在此基础之上，推之在自己的微信服务号上推出了自助咨询平台，用户可以在系统的引导下找到自己需要的答案。

推之选定的这三个领域都是平常用户咨询量比较大，涉及的法律知识相对简单，标准化程度较高的领域，知识整理的难度相对较低，知识的使用频率相对较高。

人工智能或许可以实现更为高效的自动解答。当越来越多的法律知识和咨询内容能够在线沉淀下来，机器将有可能在知识与问题之间建立起关联。当用户提出新的问题时，人工智能可以根据法律知识数据和此前律师们提供法律服务的数据，一步步地引导用户描述自身的问题所在，并且据此直接给出答案。

这样的自助问答系统一方面可以帮助人们直接获得法律服务，解决基础的法律问题，另一方面也可以成为律师服务的前置步骤。当人们在系统的帮助下对自身的法律问题和解决方案有了更多的了解，便可以更加有针对性地聘请律师提供服务。对于律师而言，这样的系统也可以帮助他们提高与客户的沟通效率，减少因为专业门槛和信息不对称而带来的沟通不畅。

从目前来看，人们能够直接从互联网上获得的自助式法律服务还十分不成熟，大量的事务都需要通过律师的工作完成。但是，随着在线沉淀的知识越来越多，研发产品和挖掘数据的技术愈加成熟，人工智能也将变得更加强大。虽然由于法律服务涉及到许多需要人提供服务的内容，比如说需要律师在线下出庭，人工智能或者其他自动服务系统还无法完全替代律师的服务，但是对于法律咨询、文件起草这类纯知识服务，基础法律服务的自动化和智能化将成为行业内不可忽视的发展趋势。

二、法律服务的精细化与智能化

1. 法律服务的信息化破局

严格说来，基于技术的办公工具的引入在律师行业算不上一个新课题。许多年前，行业里就开始谈论律所的信息化建设，也有部分律所引入了 OA 或者 ERP 这样的办公管理系统。但是，到今天为止，引入这类系统的律所数量仍然有限，即使引入了，也往往由于不符合律师们的办公习惯而被弃之不用，整个律师行业的信息化这么些年来并没有什么进展。

但是，互联网时代的 SaaS 技术却有可能为律师行业的信息化建设破局。

所谓 SaaS，它是一种基于互联网的信息化建设，用户不再需要购买软件本身，而是直接在线使用软件提供的服务。举一个简单的例子：我们过去会在电脑上安装 Microsoft 的 Office 系列软件，但是基于 SaaS 技术，Microsoft 也提供了线上的 Office 网站。我们无须在本地安装，只要打开浏览器，注册账号，就可以随时随地通过网络来使用这些软件。

对于律所来说，这样的技术是低成本的。律所不需要再在信息化上投入高额资金，而可以以更低的成本，获得便捷的线上信息化服务。同时，SaaS 技术也能根据用户的需求不断在云端升级软件，从而带来更好的用户体验。更重要的是，SaaS 提供的不仅仅是储存文档和协作的平台，它可以根据法律领域的具体特点和用户的工作习惯提供工具性质的服务，在一个个工作场景上切实解决律师的痛点。由此可以形成更多的行业标准与规范动作，甚至为建立一套更客观全面的行业评价体系提供基础。

除此之外，越来越多的律师工作线上辅助工具也正开始出现。比如说案件和客户管理。这类工具提供了诸如文件存储、日历规划、可检索的客户文件组织等服务，律师可以随时随地从云端获取。比如，Clio 网站提供了一个可以一眼看出接下来需要完成哪些任务的清晰界面。用户可以管理收费目标，为特定的事项设定任务，从任务中直接计费，并且能够在线与客户分享文档。

Clio: 好用的法律业务管理软件[43]

Clio 是一款颇受欢迎的以云计算为基础的法律执业管理软件，帮助律师在行政性事务上花费更少的时间，从而将更多精力投入到客户上。Clio 提供文件管理、工时计费、账单生成、市场营销、案件管理等功能，以此变革传统律所的运转方式。

具体而言，Clio 可以帮助律师将所有的法律文件集合在一处，帮助律师更好地检索和整理文件。客户也可以参与进来，使用 Clio 直接上传文件，从而减少因邮件往来带来的安全和隐私风险。当律师开始工作时，可以在手机或是电脑上启动 Clio 计时器，计算一天的总工时，同时也可以利用日历功能、任务栏和文件区功能直接建立时间条目，及时生成账单。除此之外，Clio 可以毫不费劲地通过追踪客户活动周期和规律，将其运用至每一个市场营销活动中和营销收益中。通过将客户反馈评价表 (lead form) 放到或链接到谷歌关键词广告中，并附上识别码 (unique identifier)，Clio 可以帮助律师及时追踪潜在客户，用于进一步的客户分析。在案件管理上，律师可以在 Clio 上方便地查看每个案件的关键信息，比如说与案件有关的合同、会议、任务、成本、笔记，无须律师再费劲地搜索。当案件信息出现了更新，比如说谁在何时接触案件，都会在系统中反映出来，辅助律师更好地掌握……

除此之外，Clio 还提供诸如财务管理、整合办公工具等多项功能。它不是一个简单的律所内部管理工具，而会深入到律师工

43　https://www.cho.com/homepage/

作的方方面面，全方位地帮助律师管理业务和客户关系。

比如说云端的计时、计费工具。在这类工具的帮助下，按时计费的律师不再需要花大量的时间记录为每位客户工作的时间。当律师阅读文档、收发邮件、接打电话时，这些操作会被系统自动记录，并且在律师的服务结束后自动生成账单。客户可以清晰地看到律师在不同类型的工作上花费的时间，并且在确认信息后一键完成付款。Bill4Time、Chrometa 是这类工具的典型代表。

比如说文件管理。这类工具让律师可以在任意接入网络的电脑上获取相关文档和文件，并且与客户、团队成员和其他人分享。比如，在 Box.net 上，团队成员可以共同分享、编辑、讨论和匹配文档。当文档被编辑时，它会向所有参与者发出实时的通知。同时，它可以实现基于文档的任务管理，当文件超出预定时间尚未完成时，系统就会自动向用户发出提醒。

在中国律师行业，其实也已经出现了许多类似的 SaaS 工具，使用的律师也越来越多。

比如说，基于 Tower、钉钉等互联网协作工具，律师可以在线上共享工作需要的材料和工作成果，并且可以随时修改、随时在线讨论。复杂的法律服务工作可以在线上被分拆为独立的细小的工作，交由不同的律师完成。律师的工作进度将被透明化，每一个人都可以清晰了解团队成员的工作进度，而这样的数据也将被互联网记录，成为评价律师工作状况的重要依据。

在专业知识的管理和传递上，互联网也带来了新的可能。借助于印象笔记等网络云享笔记，律师可以收集工作所需的线上知识页面并集中，利用云享、分类、标注功能实现对知识、数据等重要信息的永久保存并精细化分类；利用共享和更新等功能，律师团队还可以实现团队内部对知识的共同创造和共同维护；知识搜索功能则可保证律师可以随时调用知识资源和过去的知识成果，实现知识的高效利用。

甚至，知识管理可以与协作办公工具相结合，把已有的知识积累融入律师的日常工作中。可以在协作办公工具上事先梳理和设置律师的工作流程，并且在每一个细分工作项上事先沉淀相应的知识点和注意事项；而律师在作业过程中形成的新的知识积累又可以在协同工具上沉淀下来，不断对知识点和注意事项进行更新，知识管理的过程也就在律师作业过程中自然完成。在这类工具的帮助下，即使是刚接触业务的年轻律师也可以很快地拥有高质量地处理法律事务的能力，从而更快地提升工作能力，工作质量也有相应保障。

基于更低的信息化成本和更佳的用户体验，我们相信，律师工作和协作的在线化将成为未来的发展趋势，从而不断助推律师工作效率和法律服务质量的提升。它的意义还不仅仅在于此。在线化意味着律师工作的每一步都可以成为被采集的数据，从而为律师评价体系的建立和律师辅助工具效能的提升提供数据基础，而这又将进一步鼓励律师更多地在线上工作和协作，沉淀更多数据，从而形成法律服务在线化、智能化的良性循环，助推律师作业方式的未来变革。

这样的工具不仅可以帮助律师提升工作效率，律师与客户的沟通效率也将有可能大大提升。

像法律服务这样的专业服务是典型的高客户参与度的服务。对于传统的商品生产，客户并不会参与商品生产的过程，只能在商品生产完成后选择是否购买。但是，在专业服务中，客户会参与专业服务的全过程。

就法律服务而言，一方面，法律服务开展的许多环节有赖于客户提供支持。律师需要向客户了解事实情况和客户的利益诉求，以此为基础开展服务。而在提供服务的过程中，也会有许多资料、证据的搜集需要客户的支持。在提供法律服务的过程中，律师需要与客户进行反复的沟通，沟通效率其实也是影响法律服务效率的整体因素。如果由于律师与客户的沟通不畅，造成信息传递的滞后，甚至是证据材料的丢失，无疑将对最终的服务效率带来负面影响。

另一方面，及时了解法律服务的进展是客户应有的权利。法律服务常常事关客户的重大利益，卷入诉讼的人身、财产权利更会容易让客户感到焦虑。然而，对于律师而言，常常会同时处理多个法律服务项目，需要把大量的时间花在对具体业务的处理上。客户的反复询问有可能会打断律师原有的工作节奏，忙于业务处理的律师也很难完全兼顾客户的体验。

在互联网时代，律师提供法律服务的过程将可以在 SaaS 平台上进行。法律服务的流程可以被拆分为若干个步骤，而在每一个步骤里，律师和客户应该完成的事项都可以被事先固定下来。客户可以直接在这样的系统里上传资料，由此可以避免繁杂的邮件沟通可能带来的信息遗漏和知识管理难题。

SaaS 平台同样可以实现法律服务的透明化。在这样的系统里，客户可以对律师提供服务的流程有明确的预期。当律师按照预置的流程在线上完成工作并上传工作成果，客户可以像查快递一样，随时随地看到法律服务的已有进展。

这样的功能将大大提高律师与客户沟通、协作的效率，同时也免去不必要的反复沟通。更重要的是，律师与客户沟通的状态决定着客户体验，甚至决定着客户是否信任律师的服务。类似的系统不仅可以帮助律师实现更好的客户体验，甚至在更早期的获客环节，这样的系统也可以帮助客户了解未来的法律服务过程，对尚未提供法律服务的律师有更多信任，从而更好地促成法律服务意向的达成。

2. 律师能力的深度拆分与协作

律师行业信息化的普及和 SaaS 工具的运用不仅可以帮助律师在现有工作模式之上提升工作效率，还有可能实现律师能力的深度拆分，以及在此基础上的深度协作。

在过去，律师事务所几乎像是一个个小作坊，律师则是作坊里独立的工匠，独自完成法律服务的全过程。从前期的品牌推广、拓展案源，到会见客户、达成代理协议，到法院立案、案例检索、法条分析、证据搜集、出庭陈述等代理案件的具体环节和这一过程中与客户的不断沟通，都是由同一位律师来完成的。

在精力分散和领域分散的双重作用下，律师的专业能力很难得到较快提升，即使有 SaaS 工具的协助，也很难为律师工作效率的提升带来实质性的改善，分工的必要性已经愈渐凸显。

但是，在过去，当我们谈到律师的能力分工，更多的是基于专业领域的分工，也就是所谓的律师专业化的问题。不过，如果对传统律师需要练就的能力进行仔细拆分，会发现，在专业能力之外，律师其实还需要拥有这样两个层面的能力：市场能力和服务能力。前者要求律师可以准确触达潜在客户，与潜在客户建立起信任关系，最终达成确定的服务意向。后者则要求律师打磨法律服务过程中与客户的所有"接触点"，让客户有最佳的服务体验。这两者都与律师的专业能力不完全相关，却对于作为专业服务的法律服务的发展十分重要。

在过去，这些律师能力之所以难以拆分，除了律师个人能够获取的服务机会有限，不足以支撑一个精细分工的大团队之外，能力拆分后的协作也面临着极高的成本。

比如说，在服务一位特定客户的过程中，一个律师进行客户开发与客户沟通，一个律师负责法律服务过程中的所有服务性和体验性事项，一个律师负责专业事务，如果不能很好地提升协作效率，反而会带来服务的不便。客户和团队中一位律师沟通的事项，可能还需要内部转述或者由客户与团队中另外一位律师沟通，这无疑减损了效率，还不如由一个律师处理和客户相关的所有事项。

SaaS 技术的出现使得处理各类不同性质的事项的律师的高效

协作成为可能。通过打造承载负责市场、服务、专业事务处理三方面的团队成员的工作的共同协作平台，将有可能实现客户信息与服务进度的共享，以及在此基础上的高效协作。

除此之外，当前文所言的法律服务的获客逻辑被技术重塑，大量客户需求通过法律互联网平台集聚，阻碍律师能力向深度分工发展的案源之困也有可能被破解，律师能力的深度分工与协作将真正成为可能。

无讼法务：不一样的常年法律顾问

无讼法务，是法律互联网公司无讼推出的面向企业的法律服务产品，以面向中小企业的常年法律顾问业务为核心业务。不同于传统的"法律电商"，它不会直接把客户需求对接给平台上的某位律师。也不同于传统的律师事务所，它不会固定由某位律师担任企业的法律顾问，而是在内部拆分提供服务的团队和提供专业意见及解决方案的团队，并且按照专业领域对提供专业意见和解决方案的团队进行进一步拆分。

在此基础之上，无讼法务打造了一套云端法务管理系统。客户可以在这套系统中发起需求，无讼法务内部各有分工的团队则会在这套系统中完成各自的工作，共同服务于客户需求。这套系统可以为参与服务的成员提供必要的关于客户信息、法律知识的支持，更多信息又可以在服务过程中沉淀下来，进一步优化服务系统。正是基于深度分工和围绕 SaaS 系统的充分协作，无讼法务极大地提升了法律服务的质量、效率与客户体验。

　　正是这样的分工与协作，将使法律服务的"工业革命"真正到来。只有在分工的基础之上，在每一个作业条线上的律师才有可能对自己专注的领域进行精细化的打磨。技术的发展将更进一步地为每一个作业条线上的律师提供支持。比如说，通过客户管理工具、合同审查工具、智能问答工具等等，提升律师的工作效率。

　　更进一步地，对于不同的专业领域的法律问题，可以分拆给不同的律师团队进行处理，并且提供相应的知识管理工具和业务辅助系统。对于诉讼这样的典型的长流程的法律服务，则可以对服务过程进行进一步拆分，根据不同环节的性质定义不同的工种，由不同律师完成，并且进行高效的配合。

　　当然，在这个时候，"律师"这一概念的意义也将变得不同。未来的律师将很可能不再是全能型的人员，而是成为负责市场拓展、客户关系、流程梳理、工具打造、服务提供等各方面的专才。

　　对于法律服务来说，只有有了精细化的分工，才有可能在每一个细分领域发展真正有利于提升服务效率的工具，完成由纯人工服务，到机器辅助下的人工服务，甚至未来完全由机器提供服务的转化。当然，这个转化一定是需要一个过程的。变化将首先在那些被分拆出来的相对高频、标准化的事项中发生，并慢慢渗透到相对低频、个性化的事项中去。

3.更智能的律师作业方式

律师的工作在系统工具的辅助下进行，依托于流程的梳理和律师之间充分的分工协作提升效率，还只是未来法律服务效率提升的第一步。更进一步地，随着数据的沉淀和积累，律师的作业方式可以向智能化的方向发展。

在前面的部分，我们详细地分析了法律大数据如何形成，以及法律大数据将如何有可能为律师行业搭建起更加客观全面的评价体系。但是，评价功能其实只是大数据的应用方式之一，作为重要的数据搜集与处理技术，大数据可以对法律知识进行更加高效的处理，从而辅助律师提高工作效率。

从根本上说，大数据提高了承载着法律专业知识的法条、合同、裁判文书等数据被机器分析、读懂直至应用的可能性，从而为律师的工作提供辅助工具。以法院上网公开的海量裁判文书为例，它不仅承载着律师的执业信息，更体现着每一位法官的裁判倾向。通过对裁判文书数据的深度挖掘，可以更好地理解裁判文书的内容，找出案件与案件之间的关联，帮助律师们从过往案例中提炼裁判规则。

具体而言，裁判文书大数据的工具价值至少可以从以下四个方面体现出来：

第一，提高法律检索的效率。通过对裁判文书的解构，可以实现更精准的关键词匹配，甚至可以判断裁判文书之间的相似性程度，自动向律师推送与他关注的裁判文书类似的其他裁判文书。更进一步地，当律师向系统上传新的案件的基本信息，系统将可以通过解构和初步标签化处理，自动推送相关案件和法律法规。

第二，预判案件结果。"能不能赢"是当事人最为关心的问题。在过去，只有相关领域极为资深的律师，通过对案件和过往判例的深入分析，才可以得出一个倾向性的结论。但是在大数据的帮助下，可以由系统自动找出相似案例，并且分析以往案例的裁判结果，从而给出对当下案件的预判情况。这样的案例数据基础更为全面，也会比人工的判定方式更加准确，同时，它将在第一时间呈现预判结果，帮助当事人更加理性地看待诉讼。

第三，辅助制定诉讼策略。除了通过提供审理法官的相关观点、最新审判的价值判断等信息，为争议本质提供新的洞见之外，大数据还可以辅助判断证据材料的可采纳性程度：只要将证据材料与待证事实之间的关联关系作为标签，对这种关联关系是否成立进行大数据分析，评估证据与案件事实间的关联关系，就可以辅助律师预判证据被法庭采纳的可能性大小。

第四，提供服务全程数据支持。前述四个方面的工具性价值并非只能通过一个个单独的互联网工具来实现，它们可以被嵌入一套互联网化的律师办案流程中，从而在律师工作的每一个阶段提供数据支持。比如说，为律师提供在线的工作模板，自动推送相关的法律法规和法官的裁判倾向，从而为律师的工作提供智能辅助，提高律师工作效率。

能发挥重要价值的还远远不止裁判文书数据。只要有足够丰富的法律知识数据，再结合强大的计算能力，甚至可以发展出人工智能，替代律师完成一部分基础的工作，为律师提供强大的辅助。在这一方面，越来越多的英美律所已经开始探索。

2015 年 9 月，总部位于英国的博闻律师事务所已经与初创科技公司 RAVN 合作开发出了英国首个"合同机器人"。它已经被应用于博闻律师事务所在英国最大的业务领域——房地产领域，尤其是"光线阻挡通知"（Light Obstruction Notices，即房地产公司向邻近地区居民发出的登记享有光线权利的通知，简称为 LONs）领域。

它的工作方式和此前律师们的工作方式完全一样：从土地注册处的文件中提取数据，将其录入到电子表格中，在校对数据，去除冗余之后，用这个电子表格把"光线阻挡通知"和相关询问发送出去。此外，它还会向公司注册处发送询问邮件，确认这些文件中的地址是否和该公司的编号相匹配。如果该地址已过期，机器人会把它标识出来以供审查。在之后的核查阶段，律师团队会对这些被标记的文件一并重新审核。这一合同机器人的效率远远高于此前处理这类事项的初级律师和律师助理：它可以在极短的时间内完成数量极大的工作。

除此之外，2015 年 8 月，Dentons 的协同创新平台 Next Law Labs 成立，正与 IBM 展开深度合作，开发一种基于 IBM Watson 的法律顾问应用 Ross Intelligence。当律师们像和人交流一样，用自然语言向 Ross Intelligence 询问他们研究的问题时，Ross Intelligence 可以在 Watson 的认知计算和自然语言处理能力支持下读取法律，收集支持的证据，在得出推论之后，提供一个以其收集的证据为基础的答案。2016 年 5 月，有约 900 名律师的美国律所 Baker & Hostetler "雇佣" Ross Intelligence，由其协助处理企业破产相关事务的信息传来，引起国内律师圈子的一片震动。

尽管目前法律人工智能的发展还比较初级，但可以明确的是，随着律师工作在线化的深入，随着法律实践的积累，越来越多的数据会在线留存下来，人工智能将会在不断学习的过程中变得愈加强大，同时拥有越来越多的应用场景。虽然人工智能很难在短时间内完全替代律师的工作，但是将会有越来越多的工作可以由人工智能完成，而在工具的辅助下，律师的工作效率也将大大提升。

4. 跨地域、跨团队、跨律所的充分协作

互联网时代新兴技术的发展，让律师之间的协作变得更加便捷。甚至，虚拟律所办公室服务已经开始崛起。这类工具让法律服务的线上提供成为可能，客户与律师的协作也都在线上完成。这类工具往往将基于网页的案件与客户管理的系统与计时管理、计费管理、文档管理、法律图书馆、日历规划、账单生产、文件自动生成、线上客源引入等功能结合起来，让律师们得以更经常性地远程工作，从而从办公室解放出来，在他们想要工作的时间和地点工作。虚拟助理提供着管理支持，云技术让每个参与处理案件的人，无论身在何处，都可以共享案件信息，共同完成案件。

除此之外，互联网加快信息传递的作用不只发生在律师与客户之间、同一个律师团队或者同一家律师事务所的律师之间，同时也发生在全行业范围内的律师与律师之间。

　　在过去，律师往往只能自己完成法律服务的全过程，即使与其他律师展开协作，也仅限于同一个团队的律师之间；即使在最大的意义上，也很难超过律师事务所的范围。其实，当律师寻找合作律师时，由于自身人脉圈有限，并不一定能精准地找到合适的合作律师。但是，律师之间充分的分工协作，对于法律服务效率的提高是极为必要的。正如亚当·斯密在《国富论》开篇所言："劳动生产力最大的进步，以及劳动在任何地方的运用中体现的大部分技能、熟练度和判断力似乎都是分工的结果。"作为复杂劳动的一种，律师提供的法律服务在技能、熟练度和判断力上的提升，律师事务所乃至整个法律服务行业在生产力上的进步，同样有赖于劳动分工的愈加深刻。

　　这样的问题有可能在互联网时代得到解决。正如互联网降低了律师与客户之间沟通信息、建立信任的成本一样，它同样可以让异地律师之间的紧密合作成为可能。在这一方面，无讼合作已经搭建起了一个行业协作平台的雏形。

无讼合作：像滴滴一样，一键发单找到靠谱律师／律师团队

　　无讼合作是一个帮助律师更高效地进行异地合作的平台。律师在平台发布需求后，系统会按照需求类型，推送给相应的合作律师，一分钟，就会有律师应征。产品上线以来已经成功帮助了数万名律师，像滴滴一样，用最高效的方式完成异地查档、案件代理、请教问题等异地合作。

　　以异地查档为例。律师在服务过程中，常常需要完成查询档

案的工作。如果档案所在地在外地，律师则需要亲自出差赶往当地，查询到档案结果再返回。这样的工作并不复杂，但却至少需要花费律师一两天的时间和不菲的交通费。通过无讼合作这一工具，律师可以一键发出需求，委托一位可靠的当地律师完成查档工作，只需支付远远低于亲自查档费用的成本，就可以实现同样的工作效果。

截至 2017 年 9 月，无讼合作总共有 1 万多名无讼认证律师，500 多名无讼优选律师，200 多个律师团队入驻，覆盖全国 95% 以上地区。

当然，无讼合作的异地查档只是未来律师合作无限可能的一个很小的缩影。随着互联网产品的不断完善，律师与律师之间将会有越来越多的合作方式出现。更进一步的，由互联网平台直接对法律服务流程进行拆分，将每一个环节单独分配给更适合的律师来做，同时通过精妙的产品设计实现负责各个环节的律师的高效协同，正如律师团队和律师事务所内部利用管理系统拆分法律服务流程，将其分配给不同律师完成一样。

未来，互联网平台将有可能实现拆分法律服务，分配不同律师完成法律检索、证据搜集、策略制定等方方面面的工作，从而真正成为一家无边界的律师事务所。而随着分工的愈加深入和合作的愈加紧密，律师行业的整体作业效率也将大大提升。

三、新型法庭与司法过程

除了律师与客户、律师与律师之间的沟通协作，整个司法过程其实也是信息传递与应用的过程。在互联网、大数据、人工智能等技术的影响下，未来的法院也会发生变革。

2002 年以来，法院开始大力推进信息化建设。最高人民法院印发了一系列关于人民法院信息网络系统建设的规定、规划、技术规范、基本要求和实施方案等，并将其作为人民法院改革的一项主要任务。截至 2015 年，信息化基础设施建设基本完成，核心应用系统日益成熟，司法信息资源的搜集整合及管理使用初见成效，信息化保障体系不断完善，人民法院基本实现了网上立案、网上办案、网上办公，完成了全国 3500 多家法院的全覆盖。

2015 年 8 月，作为浙江法院乃至全国法院在"互联网＋审判"的一项创新举措，浙江法院电子商务网上法庭正式上线，受理小额贷款诉讼、交易纠纷和著作权纠纷等类型的案件。在网上法庭注册之后，点击"我是原告"按钮，就可以在线上提交起诉状，此后的调解、立案、举证、质证、庭审、判决书的送达等所有诉讼环节也都会在线上进行。显然，网上法庭对律师能力的要求也会与传统法庭存在不同。律师需要亲自现身的庭审可能会很少，而虚拟出席将会司空见惯，这要求律师具备新的发言和辩护技巧。而随着法院信息化建设的推进，律师的工作习惯也必须随之向线上转移。

2017 年 8 月 18 日，杭州互联网法院挂牌成立，是全国第一家集中审理涉网案件的试点法院。它贯彻"网上案件网上审"的审理思维，将涉及网络的案件从现有审判体系中剥离出来，充分依托互联网技术，完成起诉、立案、举证、开庭、裁判、执行全流程在线化，带来了网上司法的更多可能。

总的来说，未来的司法过程将呈现这样三方面的发展趋势：

第一，信息的传递会更加便捷。司法是一个十分复杂的过程，需要法官、检察官、律师、当事人等诸多诉讼参与人的共同参与。而这个过程，实际上也是信息传递的过程。诉讼的双方通过各种方式向法院表达自己的诉求并提供法律和事实上的依据支持，法院则综合对这些信息的理解做出判决。这样的过程在过去效率并不高，当事人和律师必须事先准备好各种文字材料，复印各种证件、票据，抱着几大袋材料、证据，到法院立案窗口提交材料，填写各种表格、资料。如果材料不全，还要再回去补充，有的需要往返多次。而立案之后的阅卷等工作，仍然需要反复地赶往法院。对许多民众而言，参与诉讼成了一种"诉累"，繁杂的诉讼程序和与之相应的沟通过程让许多民众在诉讼面前望而却步。

而依托于互联网系统，可以实现远程的在线立案和在线阅卷，律师和当事人不再需要到达法院的办公地点，就可以在线上完成信息的传递与沟通的过程，此前花费在交通上的大量时间和金钱将被节省下来。

在过去，许多法院大力建设诉讼服务中心，通过各种举措方便来到法院的人们参与诉讼。但其实，真正开放的互联网平台才是更好的诉讼服务中心，它把诉讼参与各方连接起来，让法官、当事人、律师等都能够积极地参与进来，就诉讼相关信息进行迅速的、无障碍的沟通。这个诉讼服务平台实际上就是一个没有"围墙"的法院，一个基于互联网连接的"大司法社区"。

　　法院的系统还可以和各行各业的数据相连接，实现更为高效的举证质证。事实上，浙江的网上法庭此前已经有这一方面的探索。在一起因为天猫购物引起的纠纷中，买家选择在线起诉时，输入订单号等，这起交易的全部信息便实时导入法院平台，比如，买的是何种商品、价格多少、收货人是谁、卖家是谁、购物时的旺旺聊天记录、确认收货时间有没有超过三包期限等。一清二楚的客观交易记录提交到在线法庭，完全省去了审判长发问的时间。

　　网上法庭之所以能做到这一点，是因为买卖双方的交易过程是在线完成的。而当人们的生活自身的线上化程度变得越来越高，可以判断，司法的线上化程度也必然会随之提升。

　　第二，越来越多的纠纷将通过在线的方式解决。人们不再需要专程到法院提交材料和获取材料，整个庭审过程都可以通过远程视频技术在线完成。

　　在目前网上法庭的实践中，原告、被告并不需要来到法院，电子商务网上法庭通过五路视频，就可以实现不同地域间参与主体画面和声音的实时在线传输。开庭前，当事人可以在线阅读确认权利义务和庭审须知。在庭审过程中，所有进展过程都通过视频清晰地传递到各方的电脑上。

　　虽然目前以这种方式在线进行审理的案件只限于互联网购物、服务、小额金融借款等合同纠纷，互联网著作权权属、侵权纠纷，利用互联网侵害他人人格权纠纷，互联网购物产品责任纠纷等少数和互联网关系极为密切的纠纷类型，并非所有纠纷在当前都适宜通过在线的方式进行审理，不过，至少它证明了，案件是可以逐渐被分类分层的，适合在网上进行审理的案件其实很可能比此前想象的要多得多。相信随着互联网技术对法律行业影响的更加深入，互联网法院将会加速发展。

第三，法院的判案方式将变得更加智能。此前，法官的审判过程经常会在一些主要节点上出现障碍，也就是所谓的"痛点"。建立在大数据基础上的工具可以解决这些痛点，提升法官的工作效率。

比如说，模板的自动在线生成。这个模板自动在线生成要能够异地编辑，能够多人协同修改。此外，这个模板的自动生成应该时时在线更新，它跟很多人现在正在使用的一些模板自动生成工具有所不同。

比如说，类案的批量处理，这对于基层法院来说尤其重要。我们会发现，基层法院的法官其实大概有 50% 到 60% 的时间和精力是在处理同类型的案件，如果类案批量处理的方法被挖掘出来，并且被互联网化，就会大大提高基层法官的工作效率。

比如说，相似案件的推送。法官们现在是主动地搜索案件，但实际上，从数据技术上来说，当一个案件的主要信息出现在系统当中的时候，这个系统可以抓取到类似案件推送给法官。甚至，当法官就同类型的案件做出与过往相似案例不同的判决时，由系统提出预警，在判决出台前就及时发现这一情况，做出更加慎重的决策。

以上变化，其实也给律师的执业带来了新的机遇和挑战。

一直以来，律师们都说，法庭是诉讼律师的主战场。在法庭上如何更好地向法官表达观点，实时洞察庭审的进展和各方态度，有针对性地优化庭审表现，是出庭律师的重要技能。但是，当法庭从线下的"战场"转至线上，当过往的判例在法官裁判的过程中发挥愈加重要的作用，如何提高自身在线上的表现力和说服力，如何更好地把握过往判例，协助法官判案，就成了律师的关键业务能力所在。

除此之外，一直以来，律师行业的信息化建设都远远落后于法院系统。当法院越来越多地推出线上诉讼服务平台，打造互联网法院，让诉讼的全过程都在互联网上进行，并且将大数据应用于司法实践中，也对律师行业的信息化建设提出了更好的要求。这也将促使律师利用新兴的互联网工具，养成在线工作的习惯，进一步推动法律服务的在线化进程。

第三节　律所组织的重构与消解

在法律服务市场上，当客户与律师的沟通方式、律师与律师的协作方式都因为新兴的技术发生变化，律师事务所这一组织形式也必然面临变革。我们不妨用交易成本理论进行更深入的分析。

正如科斯在《企业的性质》一文中指出的那样，企业和市场其实都是经济组织的组织方式。企业的运作依赖于看得见的科层制，会付出内部管理成本。市场的运作则依赖于看不见的价格机制，会付出外部交易成本。当外部的交易成本大于内部管理成本，企业就是有必要存在的；当外部的交易成本小于内部管理成本，企业就没必要存在了。[44]

在过去，在公司化成为主要的商业运动的过程当中，外部的交易成本都是大于公司内部管理成本的。所以，自公司诞生以来的近 200 年里，我们都认为它是最好的经济组织形式。

但是，公司并非没有缺陷。尤其是，随着公司规模的增大，两难困境愈加凸显：科层制强于纵向控制，但难以做到横向协同；能够强化集权控制，却容易压制分权创新。

而在今天，互联网已经开始实现跨公司的大规模协作：外包越来越普遍，许多原本在公司内部完成的流程已经开始向外部转移；开源的技术贡献也逐渐成为主流，公司内部的技术正在无边界地向外扩张。更重要的是，互联网让社会化协作成为可能，无组织的组织力量开始显现，维基百科就是典型的例子。

通过"后端云平台"加"前端灵活创新"的方式，互联网甚至可以打破公司的边界，形成一种平台式的新架构。在这样的平台上，由平台提供用户体系、支付体系、信用体系、交易流程、服务标准控制等多方面的基础服务，并且以数据为导向，更高效地匹配资源。每一个个人或者团队，都可以基于平台提供的技术模块和商业流程模块，提供灵活多样的产品和服务，在平台上的协作也变得更加简单。

---

44 参见前引9，[美]罗纳德·科斯书，第1—24页。

　　Uber（优步）是最典型的例子。它并不拥有一辆出租车，但通过互联网，它让愿意提供出行服务的车主与有出行需求的人进行交易的成本降低了。这样的成本甚至远远低于由出租车公司组织出行服务时的交易成本，传统的出租车公司因此变得不再必要，Uber 成为全球最大的"出租车公司"。同时，由于平台的技术支持，大量的普通车主也拥有了提供出行服务的能力，闲置的社会资源因此被激活。

　　这实际上正是我们常说的互联网条件下平台对个人的赋能：一方面，平台提供的模块化支持可以帮助个人补足能力短板；另一方面，开放式的平台帮助商业主体突破了生产能力、市场能力、销售渠道等方面的限制，从而拥有更大的市场空间和发展潜力。

　　从根本上说，这是因为互联网的基础设施使得全社会的协同成本下降了。它打破了信息的不对称，去除了不必要的中间渠道，搭建了线上的协作平台，从而使得平台组织交易的成本有可能低于，甚至远远低于公司内部管理成本。这时，公司就变得没有必要了。

　　也正是在这个意义上，我们可以更好地理解第三章中所提到的互联网为企业组织形式带来的变化和各类共享模式的兴趣。可以说，去公司化是互联网带来的一次新的商业运动。在许多领域，过去的"公司＋雇员"模式，都正逐渐被"平台＋个人"模式取代。

一、法律服务的交易成本与律所结构

既然公司呈现出了这样的发展趋势，那么律所呢？

尽管律所与公司的法定组织结构及具体组织形式不同，但是，站在新制度经济学的角度来看，它们都属于替代市场组织生产的"企业"。就像公司在其他行业组织生产一样，在法律服务市场中，律所替代了价格机制，组织律师提供法律服务。

因此，我们也需要思考，律所在何种程度上降低了法律服务的交易成本？这些成本在互联网平台上又会发生什么样的变化？

当然，必须说明的是，这里的讨论并不涉及当下法律法规对律所组织形式和管理体制的具体规定，而只是借助于交易成本理论，从经济学意义上探讨律所这一组织形式在未来可能发生的变化。

其实，在科斯之后，许多学者对交易成本理论做了进一步的延展，并且归纳出了各种各样的交易成本类型。在我们看来，以下六种交易成本是和法律服务相关的，可以为我们的思考提供框架：第一，搜寻成本，即搜寻合适交易对象的成本，对法律服务而言，也就是所谓的品牌建设、市场拓展的成本，即我们通常所言的 Marketing 的成本。第二，信息成本，即潜在交易对象之间交流信息的成本。对法律服务而言，最典型的信息成本就是找到潜在客户，并且销售给他的成本，即我们通常所言的 Sales 的成本。第三，议价成本，即针对双方之间要达成的契约、价格、品质进行讨价还价的成本，也就是交易双方价格发现的成本。第四，针对交易的决策成本，即进行相关决策和签订契约所需要的在内部形成一致意见的成本，比如内部管理流程所消耗的成本。第五，监督交易进行的成本。在法律服务中，这其实就是律师与客户反复沟通的成本。第六，违约成本。我们可以认为它是法律服务中的客户违约的风险成本。

在讨论律所将在未来发生的变化之前，我们不妨先思考，在传统的模式中，律所究竟在哪些方面，在何种程度上降低了法律服务的交易成本？

首先，我们需要注意的是，不同法律服务的标准化程度不同，组织法律服务的方式也就不同。我们不妨用这样一个象限图来区分不同的法律服务类型：

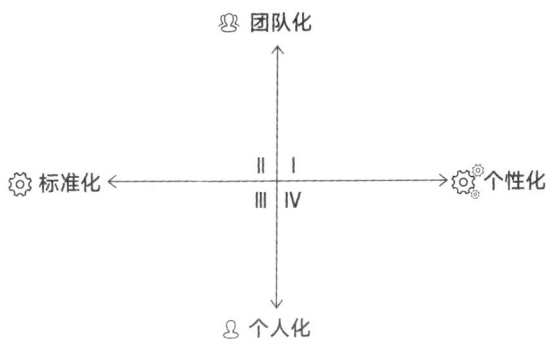

在这幅象限图中，横轴代表律师业务的个性化／标准化程度，纵轴代表完成业务所需的律师个人化／团队化程度。

纵轴的上半部分代表着对律师团队化的要求，它意味着，客户需要找到若干提供服务的律师，由他们协作提供服务。如果由市场组织服务，搜寻成本、信息成本、议价成本、决策成本、监督交易、违约成本都会成倍地增加。但是，如果由律所来组织律师提供服务，就让客户免去了寻找律师，与每一位律师单独谈判的麻烦，律所内部的工作流程和监督机制也会使监督交易进行的成本大大降低。

纵轴的下半部分代表着对律师个人化的要求，它意味着，客户只需要与单个律师磋商，并且监督单个律师的服务状况。律师与客户可以直接通过人脉网络完成交易对象搜寻的工作，并且一对一地进行信息交流、议价、决策和进一步沟通。由于有人脉网络的背书，违约成本也并不高。律所内部的组织机制反而显得流程繁琐，律所品牌的可信度也不一定强于建立在人际关系基础上的信任。所以我们经常可以见到，在现实业务中，客户往往首先知道的是办理这类业务的律师个人，而不是律所。

横轴的右半部分代表着法律服务的个性化程度。这样的知识难以通过知识管理的方式被沉淀下来，而更依赖于律师个人的智慧。对于这类业务，律所的组织结构能够起到的降低交易成本的作用有限，律师根据特定业务情况的自主发挥更加重要。

横轴的左半部分代表着法律服务的标准化程度，对于这类业务，律所可以通过知识管理体系将法律知识沉淀下来，辅助律师提供更加高效和有质量保证的服务，从而降低法律服务的决策成本和监督成本。

因此，我们会看到，位于四个不同象限的法律服务往往由不同类型的律所组织完成。

对于位于第Ⅰ象限的个性化、团队化业务来说，它对应的律所往往倾向于采取一种相对紧密的组织形式，由律所统一拓展市场，组织服务，分配利润。

对于位于第Ⅱ象限的标准化、团队化业务来说，它对应的律所同样倾向于采取相对紧密的组织形式，集全所之力完成知识管理的工作并将成果应用于所有律师的工作。

对于位于第Ⅲ象限的标准化、个人化业务来说，律所的知识管理对于降低法律服务交易成本的作用同样重要，但由于律师之间的协作需求较低，律所组织结构往往不如第Ⅱ象限业务对应的律所紧密。

对于位于第Ⅳ象限的个性化、个人化业务来说，律所在降低法律服务交易成本上的作用有限，律师们大多单独执业，律所结构更加松散。

现实中的律师事务所之所以出现了各种各样的类型，在很大程度上其实是由律师事务所从事的主要业务类型偏向于哪个象限所决定的。当然，以上分析只是基于单一法律服务的业务组织模型。在现实中，客户的需求是多元的，律师接触到的法律服务类型是多种多样的。但是，没有律师或者律师团队能够精通所有法律服务领域，律师协作的需求广泛存在，与更多不同领域的律师协作，也成为推动律所走向规模化的重要因素。

律所通过提供统一品牌、案源转介机制甚至更紧密的案源分发机制和律师协作平台，起到了资源重新配置的作用，从而降低了多元法律服务需求的搜寻成本、信息成本、议价成本和决策成本。当然，随着规模的扩大，监督成本和违约成本也随之增加，它们与前述成本的相对高低决定了律所最终的规模大小。

二、互联网时代的律师组织结构变革

在互联网背景下，我们会发现，通过互联网平台组织法律服务会使法律服务的交易成本大大降低。

第一，对于搜寻成本而言，原来的律所品牌工作往往面临高昂的信息传播成本。除了信息到达范围的局限，许多接收信息的人并没有相应的法律服务需求，大量的品牌工作有效性不高，从而进一步推高了搜寻成本。互联网则会把这样的成本转化为流量，以更低的成本实现信息的精准传播。

第二，对于信息成本而言，互联网平台能够通过大数据实现对律师能力和客户需求的精准分析，原有的地域、行业、认知限制将被突破，从而在更广范围内实现法律服务供给侧与需求端的精准匹配和跨地域律师合作的临时搭建，成本也将大大降低。

第三，对议价成本而言，当所有交易都在互联网上完成，系统就可以解构出其中的价格信息，用算法形成一套定价机制。这样的价格是经过市场价格发现以后得来的相对公允的价格，双方可以在此基础上更快地形成价格共识，从而降低价格发现的成本。

第四，对决策成本而言，律师团队的内部管理和协同成本可以通过 SaaS 的方式大幅度降低。它能以更低的成本实现律师行业的信息化建设，帮助律师实现跨地域的数据共享，甚至可以通过提供线上化的律师协作平台和办案工具，进一步降低决策成本。

第五，对监督成本而言，当律师与律师、律师与客户能够拥有共享的互联网协作平台，沟通与协作可以更便捷地在互联网上进行，监督交易进行的成本也将随之下降。

第六，对违约成本而言，当类似于支付宝的第三方支付工具得以引入，当律师信用机制和律师合作平台上的互评机制得以建立，违约成本也会大大降低。

这也就意味着，互联网能够以比传统律所更低的成本实现客户与律师的供需对接，并且帮助律师找到合适的合作律师。律所不再需要为了整合更多业务领域和地域资源而扩大规模，律师个体、律师团队和小型律所都可以从互联网平台上获得客户资源和协作律师资源，跨律所的无边界协作将越来越普遍。

相应的，以上四个象限的业务所对应的律所组织形式也将发生变化。

第Ⅲ象限，标准化、个体化业务将最先由互联网来组织。原本以此为主要业务类型的松散律所主要通过律所品牌和内部案源转介网络起到降低信息成本的作用，但是，由于这类成本能够被互联网更大程度地降低，律所边界将被迅速打破，律师的执业活动将主要在互联网平台上开展，律所将仅仅承担法定的执业资格管理的职能，其存在仅因为法律法规要求律师在律所执业。

第Ⅱ象限，这类业务对团队化有一定要求，但是由于业务的标准化，这样的团队对律师个体的要求相对较低，业务也更容易被拆分，互联网可以通过律师个体临时组合和跨地域的协同作业的方式降低交易成本，原本以这类业务为主要类型的松散型律所的边界也将逐渐被打破，跨律所的律师个体通过互联网协作完成这类业务将愈加常见。

第Ⅳ象限，个性化、个体化业务的互联网化速度将稍慢。因为，对个性化业务的分析和在此基础上的资源调配依赖于相关领域的数据积累和技术发展，需要一定的过程。但是，由于律所在降低这类法律服务成本上发挥的作用本来就有限，随着技术的进步，互联网在资源配置上的优势也会很快显现。

第Ⅰ象限，个性化、团队化业务难以被拆分，需要固定律师团队的长期协作。虽然这类律所的规模化倾向会因为互联网更低成本的资源配置而减弱，但互联网组织这类交易的成本仍然难以低于紧密协作的线下律师组织，这类律所最终很可能会成为平台上紧密协作的团队，它们将保有在降低监督成本、律师协同成本上的优势，同时又将受惠于平台在降低搜寻成本、信息成本等方面的作用。

在未来的互联网平台上，所有律师个体和团队都能获得客户资源对接、律师办案协同工具等方面的支持。而通过这样的"大平台＋小前端"的方式，为客户提供的法律服务也将变得更加高效、灵活和低成本。这个新的平台，你说它是"网络律所"也好，不是律所也罢，都已经不再重要。

随着互联网和法律科技的进步，这样的格局实际上会呈现出一个动态的过程。随着技术的进步，很多过去需要个性化才能完成的工作会变成标准化的事项，今天你所拥有的独门秘籍，若干

年之后，或许计算机就能完成了。因此，纵轴会逐渐向个性化一端
移动。

　　而由于互联网平台对个人的赋能，过去必须要好几个人协作
才能完成的工作，现在一名律师借助互联网工具或许就能搞定了。
这也就意味着，需要团队协作的事项越来越少，横轴也会因此向上
移动。

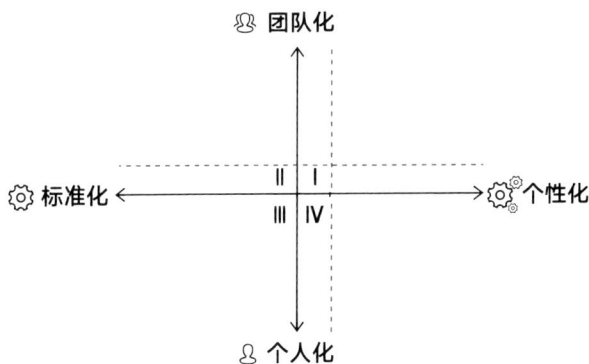

　　所以，这个"十字架"会逐渐地向右上方移动。这意味着，
一些原本只能由紧密协作的律师团队完成的业务将可以由单独的
个体通过互联网平台上的协作完成。紧密协作的律师团队则会主
动顺应社会发展中法律服务需求的变化和律师行业的进步方向，
沿着象限图的斜上方去开发更多依赖于律师的智慧和创造力、需
要律师紧密协作才能完成的新型业务，创造出新的蓝海。

　　借助互联网提供的法律服务的类别将从左下角起步，逐渐往

右上角迁移。甚至，原本需要单个律师完成的标准化的业务（位于第Ⅲ象限最左下角），会逐渐由人工智能替代完成，从而大大降低法律服务中的人力成本。也就是说，人工智能会逐渐沿着斜线向右上方推动律师行业的进步，而随着人工智能技术的进步，它们之间的距离或许会逐渐缩短。

尤其是，根据雷·库兹韦尔（Ray Kurzweil）提出的"奇点理论"，由于计算能力剧增而成本骤减，创造的人工智能的数量将是当今存在的所有人类智能数量的大约10亿倍。到2045年，奇点将会来临，人工智能将完全超越人类智能。自然，到那个时候，律师智能也会被人工智能超越。当然，这一理论还只是科学假设，人工智能对人类的意义究竟是替代还是辅助也仍然没有定论。

我们无从判断库兹韦尔的预言是现实的前奏，还是只是重演了20世纪50年代科学家们的乐观。但可以肯定的是，随着律师工作在线化程度的提升，将有可能积累最广泛的律师作业数据和客户沟通数据，从而成为不断升级迭代律师作业工具的基础，并且进一步帮助律师提升工作效率，提升律师的在线化程度，甚至打造出更加成熟的可以帮助客户自助解决法律问题的标准化法律服务产品。

一方面，法律服务的成本将大大降低，这将让更多人有享有高质量法律服务，更好地维护自身合法权益的能力。另一方面，依赖于大量资料搜集和分析的基础工作将被人工智能替代，进入律师行业的新人不必陷于那些枯燥乏味的重复性工作，而会拥有更高的起点。经验尚浅的律师，也可以在人工智能的帮助下，提供超出自身原有能力的服务。

在技术的助推下，律师行业将逐渐从"小作坊"走向"工厂"，迎来法律服务的工业时代。

Part 5

未来法律服务监管规则

　　每一项技术变革和商业创新，常常处在行业监管的空白地带。许多突破性的创新之举，甚至与传统的规章制度存在冲突。如何在这样的冲突中，既维护行业秩序稳定和健康发展，又利用创新推动行业的更大进步，需要行业监管者更大的智慧。

　　对于如何对待互联网时代里的新兴技术和商业模式，李克强总理曾经在一次国务院常务会议上做过非常精彩的发言。他表示，通过改革引入市场竞争，让消费者有更多选择，这是中国发展的成功经验之一。而"互联网＋"是新业态发展，更要遵循这样的原则。21世纪初，中国加入WTO时，一些企业也曾"恐慌声一片"。但通过十多年参与全球企业竞争，证明中国人最不怕竞争。"中国企业什么时候能够在自由选择中赢得消费者，什么时候就会真正站上全球竞争的制高点上。历史是人民大众创造的。大众的想法丰富多彩、充满奇思妙想。因此，'互联网＋'的发展，应该让消费者和大众来选择。"[45]

　　对于法律服务行业的未来监管，相信原理也同样如此。毕竟，监管方式只是手段，而不是目的。监管的存在应该是更好地帮助行业的发展，而不是阻碍。我们应该始终以如何更好地提供法律

　　45　李克强："用'互联网＋'打造经济转型升级新引擎"，载新浪网，http://news.sina.com.cn/c/2015-06-24/193931984081.shtml，2018年3月1日最后访问。

服务为目标，审视我们的监管方式应该如何顺应时代做出调整，才能够更好地服务于这个目标。

第一节　平台可以通过发挥资源配置作用盈利吗？

通过第四章的分析，我们可以看到，未来，互联网平台将在法律服务行业中扮演更加重要的角色。尤其是在个人化、标准化程度相对较高的领域，平台将在客户与律师的精准匹配、律师之间的合作上发挥更大作用，从而在市场交易成本的降低上起到远远高于传统律所的作用。

从最基础的层面来说，这样的发展趋势似乎与当前的律师执业规范并没有直接的冲突。当前我国《律师法》规定，"律师只能在一个律师事务所执业"，"律师承办业务，由律师事务所统一接受委托，与委托人签订书面委托合同，按照国家规定统一收取费用并如实入账"。当互联网平台在法律服务的资源配置中起到更多作用，律师似乎仍然可以在传统的执业模式下开展业务：从互联网平台得到案源机会，通过律师事务所走完规范流程，以律师事务所的名义接受委托，签订书面委托合同。

在这样的模式下，互联网平台更多地发挥着信息对接、案源匹配的作用，可能会触及现有监管红线的一点在于，互联网平台如何盈利。根据我国《律师法》的规定，律师事务所和律师不得以诋毁其他律师事务所、律师或者支付介绍费等不正当手段承揽业务。中华全国律师协会也在《律师执业行为规范》中将采用承诺给予客户、中介人、推荐人回扣、馈赠金钱、财物或者其他利益等方式争揽业务列为律师的不正当竞争行为。

如果互联网平台从对接的案源机会中向律师收取一定比例的费用，通过互联网平台获取业务机会的律师和律师事务所是否就有通过支付回扣、介绍费的方式承揽业务之嫌？尽管《律师法》和《律师执业行为规范》并不直接对互联网平台加以规范，但如果此类行为涉嫌违规，将大大影响平台模式本身的生存。

那么，究竟应该如何看待有关不得支付介绍费的规定？平台是否可以通过发挥资源配置作用盈利？目前，我国并没有关于这一规定的更详细的说明，实践中也少有这一方面的讨论，对此，我们不妨考察美国律师行业的相关规定作为参考。

在美国，律师开拓业务的方式在律师伦理规范下可分为广告（advertising）、招揽（solicitation）和中介服务（referral service）三种形态。[46] 广告是指律师借助各种媒介，对社会大众或不特定多数人介绍其本身或事务所提供的法律服务的一般资讯。美国律师伦理规范允许律师通过书面、录音录影、电子通信设施如公众媒体等方式进行广告。招揽是指律师或其业务人员，为了促成委托，主动与他人接触的行为。基于盈利目的，以当面、电话或即时电子通信的方式向陌生人招揽业务的行为被美国律师伦理规范禁止。

46　See MODEL RULES OF PROF'L CONDUCT.

中介服务则有两项特征，一是协助客户确认其问题为法律问题，二是公正地推荐具有相关法律专长的律师。由于中介人可能为促使委托协议的成立而对律师和当事人施加不当影响，美国律师伦理规范对参与中介服务设有许多限制，美国律师协会也对中介服务的经营者设有专门规定。

律师从互联网平台上获取案源到底属于哪种业务开拓方式，美国各州的定位不一，当然，具体的界定也同时取决于互联网平台的业务模式本身。

比如说，1999 年成立的 LegalMatch[47]，其业务模式为消费者在 LegalMatch 的网站上填写问卷，简单表述问题，LegalMatch 会立即以电子邮件的形式通知符合该消费者所需专长和地理区域的所有律师，有意愿的律师可以通过系统或消费者提供的联络方式回复消费者。消费者在阅读律师的回复后，可以与该律师电话联络或当面咨询，其后双方可能成立法律服务关系，但 LegalMatch 并不会介入后续过程。

在北卡罗来纳州和罗德岛州，网络平台被认为是广告，而非中介，网络平台的消费者与传统中介服务被动的接受者不同。网络平台的消费者必须自行评估接收到的资讯，并做出选择，传统中介对消费者的可能伤害可被避免。但在德克萨斯州，如果网站仅是提供各个律师的咨询结果，由消费者自行选择律师，那么该网站提供的不是中介服务，而是广告；如果网站对律师提供的咨

47　See https://www.legalmatch.com.

询进行寻找或筛选，而后推荐、建议或提供给消费者考虑，那么该网站提供的是中介服务。就网络平台而言，律师向平台支付费用，换取消费者联络进而获得委任的机会，网络平台收集消费者的法律问题并提供给支付费用的注册律师，所以该网络平台提供的是中介服务。[48]

可以看出，平台是否在律师的选择上为消费者提供建议是认定平台服务到底是中介服务还是广告服务的根本所在。只是互联网平台的业务模式有多个面向，从而会带来对业务性质本身的不同理解。

值得注意的是，中介服务在美国律师行业由来已久。自1937年洛杉矶律师协会建立中介服务开始，合法的律师中介组织在美国至少存在了80年以上的时间，旨在为对法律系统缺乏经验，不了解需要的服务类型而无法找到合适律师的人提供帮助。只是，为了防止中介服务不当影响律师和当事人的决策，美国律师协会也针对中介服务制定了进一步的规范，提出了包括开放所有律师参加（只要其具备律师执照，达到中介服务为保护潜在当事人而对律师资格所定的合理客观标准），要求每一位参与中介服务的律师投保合理适当的专业责任保险，以合理的方式评估消费者的满意程度，并处理消费者投诉等在内的核心标准。

在美国律师协会制定的律师行为规范中，同样有"律师或律

---

48 参见傅若婷："律师服务网路媒合平台之伦理问题——以法易通事件为中心"，台湾交通大学硕士学位论文。

师事务所不得与非律师分享法律服务费"的内容[49]，希望以此保护律师专业判断的独立性，减少第三人可能对律师服务造成的影响。但是，该行为规范的第7.2条也规定："律师不应基于他们推荐其服务而给予任何有价值之物，除了：（1）支付合理的广告或通信费用；（2）支付非盈利或合格律师中介服务的通常费用"，从而在事实上认可律师向适当管理机构认可的营利中介机构支付通常费用的行为。

2011年，美国律师协会伦理委员会发布了关于律师使用科技工具发展客户的初步提案，肯定了律师使用互联网工具的积极功能，并且为了减轻律师使用网络工具的疑虑，特意就执业规范中的相关条款作出了说明。[50]

委员会表示，第7.2条的内容实际上允许非营利或合格的中介服务分配律师费，但费用的用途限于固定的广告活动，如电视或报纸广告。互联网让广告与中介服务的界限日益模糊，LegalMatch这样的网络平台难以直接归入某一类。但是，委员会强调，第7.2条的原始目的是为了避免律师利用他人进行违反伦理规范的业务招揽行为，比如说，通过支付推销费用而向消费者当面招揽业务。然而，这样的疑虑在互联网平台上并不明显，尤其是，部分互联网服务的运作方式与伦理规范不相冲突。第7.2条中的"推荐"，是指对律师的认证、能力、服务品质的背书或者担保。律师可以使用引导客户的线上服务，只要这些服务不"推

49　See MODEL RULES OF PROF'L CONDUCT.

50　See ABA Commission on Ethics 20/20.

荐"律师，且律师支付的费用不违反其他限制性规定。

由此看来，美国律师协会对中介服务和互联网平台的发展给予了相对宽松的政策环境。由于法律领域的专业门槛，当事人在寻找律师的过程中往往存在着许多信息的盲点，这些盲点甚至让人们对法律服务望而却步，而中介服务的存在可以在很大程度上打破法律服务行业的信息不对称。因此，美国律师协会并未限制中介服务的发展，而是对其加以良性的引导。在对新兴技术的利用上，美国律师协会则持有更加开放的态度，并且鼓励律师参与到技术应用的浪潮中来。2016年，希拉里·巴斯（Hilarie Bass）在当选美国律师协会会长后的演讲中尤其提到：我们的职业越久地拒绝采用和适应将新技术应用于实践，那些已经找到用技术更高效和低成本地提供法律服务的方法的替代性服务提供者和基于网页的平台就会拥有越多的机会。在很多情况下，这些服务将到达那些此前并没有被传统法律服务提供者服务的人群。[51]

这样的态度或许可以为我们对待互联网平台及其盈利方式提供参考。

我国《律师法》规定，律师事务所和律师不得以支付介绍费等不正当手段承揽业务，是将其视为不正当竞争的方式。当律师需要向介绍人支付介绍费才能获得业务时，介绍人很可能在介绍律师的过程中受到利益因素影响，向当事人推荐向其支付费用的

---

51 Terry Carter, "Hilarie Bass calls for an embrace of technology as she accepts position of ABA president-elect", available at http://www.abajournal.com/news/article/hilarie_bass_calls_for_an_embrace_of_technology_as_she_accepts_position_of/

律师，而无法真正从当事人的利益出发为其推荐。同时，在这样的情况下，律师也并非凭借自身专业能力和服务精神赢得客户，因而不利于整个行业的健康发展。

但是，在互联网平台上，为律师推荐案源的方式却和传统的介绍存在不同。

如果互联网平台只是展示律师的信息，由当事人自行选择律师，那么，它承担的更多的是广告的职能，需要在内容上遵守《律师执业行为规范》等行业规范的规定，可以以收取广告费用的方式盈利。

而我们在第四章中讨论到的互联网平台，向所有有执业资格的律师开放，并且用大数据为律师能力"画像"，根据当事人对具体需求的描述，通过人工智能匹配有相关领域能力和经验的律师，与传统的"介绍""推荐"存在很大不同。这样的介绍和推荐不是主观的推荐，也不受律师向平台支付费用多寡的影响，而更多的是基于当事人的具体需求特征，推荐与之匹配的律师，并且在这个过程中根据当事人和律师的反馈持续优化算法。这样的推荐逻辑与传统的介绍案源存在着根本性的不同：它不为律师能力进行任何主观的背书，而是将能够体现律师服务能力的过往服务数据、客户评价数据、同行评价数据等数据展现出来；它不会带来律师行业内的不正当竞争，而是通过大数据、人工智能等新兴技术的力量，打破此前行业内存在的信息不对称，为当事人选择律师提供客观中立的参考。

因此，在我们看来，我国《律师法》中的"支付介绍费"应当被狭义地解释，而不应一概扩大到所有互联网平台的付费项目上。只要这些项目并没有在事实上因为收取费用而造成行业内的不正当竞争，这一费用就不应该被简单地与"介绍费"画等号。

第二节 律师必须通过律所执业吗？

如果讨论仅仅停留在中介服务的层面，其实还并没有触及第四章提出的核心问题：在互联网等新兴技术的作用下，通过互联网平台组织法律服务交易的成本将有可能小于通过传统律所组织交易的成本，从经济学的意义上说，"律所＋律师"的模式将有可能被"平台＋个人"的模式替代。这一变化将尤其在业务标准化、个人化程度较高的领域首先发生。

根据我国《律师法》规定，律师只能在一个律师事务所执业。律师承办业务，必须由律师事务所统一接受委托，按照国家规定统一收取费用并如实入账。虽然律师仍然可以通过在平台承揽业务，由律所统一接受委托的方式开展业务，但是，当互联网平台成为比律所更佳的组织法律交易的组织形式，为什么律师仍然必须通过律所执业？这一规定是否有可能在未来发生松动？尤其是考虑到当下许多律师事务所并未很好地起到组织律师提供法律服务的作用，律所与律师关系松散的现实，反思这样的问题或许就显得更加必要。

在主张律师必须在律所执业的理由中，便于行业监管、便于律师之间的相互监督、便于提高律师的抗风险能力是三个最核心的理由。

第一，从行业监管的层面而言，作为机构的律师事务所可以在律师个体以及行业监管者之间建立联系。对于行业监管者而言，通过律师事务所监管律师会比直接监管律师个体成本更低。同时，作为机构的律师事务所具备相对稳定的特质，也便于监管政策的持续落地。

第二，从律师之间相互监督的层面而言，律师事务所的存在将有更大的意义。在这一层面，美国伊利诺伊大学法学院教授拉里·E.利伯斯坦提供了有益的洞见[52]：在法律服务市场里，客户无法判断律师的能力，也难以辨别谁是最可靠的律师，这样的信息不对称让律师与客户之间的交易成本十分高昂，但律所恰恰可以起到帮助客户监督潜在的不可靠的律师的作用。原因在于，相较于律师的个人声誉，律所声誉更有价值。

对律师个人来说，年轻律师尚未建立起声誉，而即将退休的律师又没有足以保证他的诚实信用的未来收入。而对律所来说，一个不尽职尽责的律所则会以声誉下降、收费降低的方式受到惩罚。因此，律所可以将它的声誉出租给律师，就像是路边的加盟餐馆用总部的声誉来吸引客户。为了维系声誉，律所就必须激励律师对其他律师尤其是低年级律师的工作提供引导、监督和指导，

---

52 See Larry E. Ribstein, "The Death of Big Law", *Wisconsin Law Review*, 3 (2010), p. 761.

从而保证律所的整体服务质量。

除此之外，由于在合伙制下，律所合伙人对律所的债务承担无限连带责任，这也将进一步鼓励合伙人之间互相监督，提升法律服务的质量。

第三，从提高抗风险能力的层面而言，律师承担风险的能力当然弱于作为机构的律师事务所。尤其是，在合伙制下，律师事务所的合伙人将对律师事务所的债务承担无限连带责任，从而分散律师事务所的风险，使律师拥有更强的抗风险能力。而在律师个人执业的情况下，尽管可以通过执业责任保险等方式转移执业风险，却难以消除潜在当事人的担忧。

然而，当我们在互联网的背景下重新审视这三点理由，会发现，律师事务所的架构不再是实现这三个目标的唯一方式，甚至未必是最好的方式。

从行业监管的层面来看，新技术的发展让行业监管机构有了更多更低成本的监管方式，通过监管平台与平台上的律师，也仍然可以实现监管的效果。而且，当律师越来越多的学习、执业过程都通过互联网平台完成，平台上留存的大数据将成为行业监管更有力的参考。

从互相监督的层面来看，当前律师事务所的组织形式其实并没有起到期待中的作用。律所声誉的价值是十分脆弱的，它取决于律所维持它的能力和客户需要它的程度。只有当律师从投资律所声誉中获得的东西比投资他们自己的客户关系获得的更多时，律所的声誉才能得以维持。而它的前提又是，大型律所可以吸引和留住主要的公司客户。

因此，当把律师和客户绑定在律所的力量变弱的时候，传统律所的价值就会迅速消散。当合伙人对律所发展的信心减弱时，他们同样面临着一种囚徒困境：当他们怀疑其他合伙人不再保持忠诚时，他们可能会带着客户离开律所，或者通过发展自己的客户关系为自己留下退路，尽管每个人都会从建设律所的行为中获益。

合伙人带着客户离开还只是威胁律所稳定性的一种情况。随着律所声誉资本下降，律所只能通过引进更多拥有客户资源的合伙人来产生业务，维持利润和规模。这将迫使律所增加律师与合伙人的比率，获得更高的利润来支付明星合伙人的薪酬。而增加的律师与合伙人的比率又会减少律师之间的监督和指导，从而更进一步损害声誉资本。

归根结底，这还是由法律服务的特征所决定的。法律服务是高度定制化的服务，服务的体验和质量在很大程度上取决于提供服务的个人。因此，若律所未能建立可靠的服务质量体系与服务监督机制，客户往往很难信任律所的品牌，而更加看重律师个人的能力。在律师事务所中，律师个人无论在客户资源还是服务能力上都扮演着更加关键的角色，很可能以更加独立的姿态投入自身的业务拓展和服务过程，而不愿意在律所公共建设上投入精力和资源。而这就带来了律所发展难以走出的松散怪圈。

虽然行业监督者希望通过律师事务所的机制，让律所自身、让律所内部的律师与律师之间实现更好的自我监督，但是，由于客户往往把对法律服务的信任建立在对律师个人的信任之上，单打独斗成为行业里的常态，律师事务所能够起到的监督作用是十分有限的。

但是，在这个层面上，互联网平台或许可以带来一种新的可能。

一方面，互联网平台可以带来更加透明的执业环境。基于大数据的律师能力"画像"，让客户可以更清晰地了解律师过往的学习经历、执业经历、行业奖惩等信息，过往服务数据、客户评价数据、同行评价数据的积累则可以为客户选择律师提供更进一步的参考。这样的透明环境将在行业内营造更加良性的竞争氛围，引导律师朝不断提升服务能力、优化客户体验、获得更好的客户和同行口碑的方向发展，从而从规则上起到监督律师尽职尽责提供服务的作用。

另一方面，互联网平台可以通过为律师服务过程提供工具，从实质上保障法律服务的质量。比如说，通过将法律服务的过程进一步拆分为若干细分流程，建立基于 SaaS 的在线作业系统，并且在每一个环节提供基础模板、作业指引，甚至精准推送相关资料，并且在律师提交工作成果和大数据显示的过往工作成果不符时提出预警，从而在实质上对律师的工作内容进行把关。

从总体上来说，互联网平台将可能起到更好地搭建法律服务基础设施的作用。律师事务所受困于自身资源的有限，难以有足够的资源用于智能办公平台的打造。对小规模的律师事务所来说，更是如此。互联网平台则可以提供更好的办公工具，以 SaaS 的方式服务于全行业的所有律师，从而使得使用智能办公工具的平均成本大大降低，行业的信息化建设也会因此提速。除此之外，基于互联网平台聚集的律师社群，依托于互联网的广泛连接，在社群内开展培训、知识分享也将成为可能。互联网平台为律师的成长与工作提供的支持，完全可能不弱于传统律所提供的支持，从而在实质上促进律师能力的提高和行业的健康发展。

当然，必须承认，互联网平台提供的支持，尤其是对律师作业过程的支持与监管，需要建立在法律服务的流程和内容相对标准化的基础之上。要对个性化程度较高的法律服务提供辅助和监督，还有赖于大数据的进一步积累和人工智能等新兴技术的未来发展。

从提高律师的抗风险能力的层面而言，平台的确难以拥有律师事务所那样的抗风险能力。平台与律师之间并非合伙关系，平台上的律师与律师之间更没有直接的联系，尽管平台也需要在服务中承担一定的平台责任，但这样的责任很难强于合伙制的律师事务所中合伙人承担的无限连带责任。但是，在平台上提供服务的抗风险能力可以通过购买专业责任保险的方式得到加强，而这也正是美国律师协会对中介服务机构的基础要求。

虽然保险能够起到的抗风险作用仍然有限，但是，在标准化程度相对较高，标的额相对较小的业务领域中，法律服务风险本身较低，可能带来的损失也可以由保险覆盖。因此，在这类业务领域，允许律师通过平台执业，仍然不失为一个可行的方案。

除了此前希望通过律师事务所实现的价值可能通过互联网平

台得到更好的实现之外，另外一个值得重视的现象是：如果坚持律师必须通过律师事务所执业，可能和模式创新带来的效率提升价值存在一定的冲突。2017 年发生在我国律师行业的一个案例就与此相关。

2017 年 12 月，司法部网站通报，浙江省某祝姓律师因违反收费规定被处停止执业 5 个月、没收违法所得 2000 元的处罚。

据杭州市司法局出具的行政处罚决定书显示，祝律师于 2017 年 4 月取得律师执业证书。执业期间，祝律师根据"无讼"微信公众号上发布的信息，先后 11 次接受其他律师委托，到杭州市公安局萧山区分局北干派出所查询了 21 名有关人员的人口信息，共收取费用 2000 元。祝律师接受上述委托，未经律师事务所收案登记，未签订委托代理合同。

杭州市司法局认为，祝律师在律师事务所未与委托人签订委托合同的情况下，接受委托并收取费用，属于私自接受委托，私自收取费用的违法行为，其行为违反了《律师法》第 25 条"律师承办业务，由律师事务所统一接受委托，与委托人签订书面委托合同，按照国家规定统一收取费用并如实入账。律师事务所和律师应当依法纳税"、《律师法》第 40 条第 1 项"律师在执业活动中不得有下列行为：(一) 私自接受委托、收取费用，接受委托人的财物或者其他利益"、《律师执业管理办法》(司法部令第 134 号)第 26 条"律师承办业务，应当由律师事务所统一接受委托，与委托人签订书面委托合同，并服从律师事务所对受理业务进行的利益冲突审查及其决定"等规定，故依法对祝律师处以上述处罚。

从现行法律规定来看，杭州市司法局对祝律师的处罚无疑是合法的。但是，这样的处罚也引来了一些质疑。有人评论："11次收了2000元，一次还不到200元，怎么签合同？"也有人表示，1993年出生的是刚入行的小律师，揽不到业务，挣不到工资，沦为替他人跑腿、查身份信息的小工，跑了11次才得到2000元钱。大家应该同情这位律师，所在的律所在加强教育的同时也应该给予更多关心。这样的质疑，其实展现了传统执业规范和基于互联网的模式创新的更深层次的冲突。

查档、调取身份信息，本身没有多少技术含量，却是许多律师工作中必不可少的部分。在过去，为了去异地查档，律师往往需要本人前往外地出差，花费大量的时间和差旅费用。互联网则可以让律师迅速寻找到可以在外地提供协助的律师，只需要支付极低的查档费用，就可以在更短的时间内获得所需信息，从而提升法律服务的整体效率，降低成本。这样的模式创新其实是全行业范围内的资源配置优化，而对于提供查档协助的律师而言，这样的服务其实也是对自身闲置时间的更充分的利用。

从无讼合作目前的实践来看，此前需要亲自出差一两天才能完成的查档工作，只需花一分钟在无讼合作上发单，就可以等着接单律师在指定时间内完成工作，寄送所需档案材料。此前的异地查档，常常需要花费两三千元的差旅费用，而在无讼合作上，只需几百元就可以完成。自服务开通以来，已经有超过5万次异地查档的工作通过无讼合作完成。如果每一次按节省2000元来算，无讼合作已经整体为法律服务节省了过亿元。

对于这类协作事项，如果受委托查档的律师仍然需要通过律师事务所来统一接受委托，复杂的委托程序往往会减损效率，从而牺牲掉互联网本来可以带来的效率价值，无论是反馈时间还是服务收费，都会随之增加。即使互联网平台可以通过与律所事先建立合作机制来提升委托程序的效率，但由于互联网上的资源配置本来就是无边界和相对随机的，要求互联网与平台律师所在的律所签订协议，无疑会大大限制平台律师的数量和覆盖的广度，同样会影响异地查档服务覆盖的地域和响应的及时性。

更重要的是，之所以规定律师承办业务，由律师事务所统一接受委托，律师不得私自接受委托、收取费用，接受委托人的财物或者其他利益，是出于规范律师执业，保护当事人利益的需要。但是，异地查档这类业务专业性很弱，由作为专业机构的律所进行监管的必要性不高。同时，互联网平台的规则会对查档律师的服务给予一定的规范，已经可以实现监管效果，从而使基于互联网平台的接案区别于纯粹私自接受委托的行为，保护委托方的利益。而且，这类服务的单价极低，即使存在律师执业的风险，也完全可以通过专业责任保险等方式予以防控。

综上，虽然律师提供的法律服务一般被认为是专业服务，但是在律师服务内部，其实也有像异地查档这样专业性较弱的事务。对于此类事务，律师通过互联网平台直接接受委托的风险较为可控，而如果强制律师通过律所接受此类委托，多出的流程会使得效率提升受阻，成本明显上升，基于互联网的模式创新的意义难以实现，而这会最终压缩律师行业整体资源配置优化和效率提升的空间。

因此，对于异地查档这类标准化程度较高，涉及服务费用较低的业务领域，监管机构或许可以考虑逐步放开监管，允许律师通过互联网平台直接接受委托，从而实现行业整体的效率提升。而这最终将更好地保护当事人的利益，使当事人以更低的成本获得更加高效的法律服务。

第三节　法律服务提供者只能是律师吗?

根据我国《律师法》的规定，没有取得律师执业证书的人员，不得以律师名义从事法律服务业务；除法律另有规定外，不得从事诉讼代理或者辩护业务。具体而言，拥护中华人民共和国宪法、通过国家统一法律职业资格考试取得法律职业资格、在律师事务所实习满一年、品行良好是申请律师执业的四项前提条件。

这样的规定为律师行业设定了准入门槛，同时为没有取得律师执业证书的人员从事诉讼代理或者辩护业务之外的法律服务留下了空间。整体而言，除律师之外的法律服务提供者在市场上的生存空间有限。

但是，互联网等新兴技术的发展却可能带来法律服务提供者的更多可能性。一方面，正如理查德·萨斯金提到的，随着搜索引擎、大数据技术、人工智能等的发展，全社会的信息处理能力将大大提高，普通人与律师这样的专业人士之间的知识差距将被拉平，律师在法律知识领域的中介价值将大大减弱，许多曾经由专业人士承担的工作将交由经过基础培训的普通人甚至智能系统完成。另一方面，即使是律师服务，也有可能通过新的方式被组织。比如说前面提到的，如果律师直接通过互联网平台提供服务，而不再是通过律所提供服务，这时的互联网平台，其实就成了一种新型的法律服务提供机构。

我们应当如何对待这些新兴的法律服务提供者？网约车合法化的过程或许可以为我们提供参考。

在快的、滴滴这类打车软件上线之初，由于与传统的出租车运营模式截然不同，面临着不小的政策压力。2013 年 5 月，深圳市交通委内部下发关于强制要求司机卸载手机打车应用的通知引发争议；北京市交通委官网发布《北京市出租汽车电召服务管理试行办法》，强制统一在线打车 APP。合法化的曙光出现于 2014 年 5 月，交通运输部办公厅发布《关于促进手机软件召车等出租汽车电召服务有序发展的通知 (征求意见稿)》；两个月后，该通知正式颁布。2016 年，虽然时任交通部部长的杨传堂曾在 2015 年两会上表示私家车绝对不能进入专车运营，但随着网上呼吁网约车合法化的声音此起彼伏，杨传堂的态度也发生 "转变"，表示 "并没有一禁了之，而是通过立法让专车获得合法身份"。2016 年 7 月，《网络预约出租汽车经营服务管理暂行办法》出台，"专车合法化"终被认可。[53]

网约车合法化的参考意义一方面在于政策出台的节奏。

交通运输部副部长刘小明曾在 2016 年 7 月的发布会上表示，之所以此时出台网约车管理办法，是因为网约车发展已经比较充分，它的优点和问题已经充分显现，对网约车如何规范管理也有了很多的认识和实践的共识。

刘小明指出，自 2014 年 7 月专车 (就是现在叫的网约车) 出现以来，中国市场自发形成的专车、快车等服务的新形式发展非常快。目前，中国已经成为全世界最大的网约车市场，但是发展过程中既有积极的方面，改善了百姓乘车的体验，改进了城市百姓的出行服务，也暴露出了很多问题。不在国家层面上明确网约车政策的方向，既不利于新兴网约车行业的长期健康发展，也不利于保护各方利益，特别是乘客的合法权益。对此，政府按照国家对看得准的基于"互联网 +"和分享经济的新业态，要量身定制监管模式，对潜在风险大的，要严格加强监管的要求，为网约车量身定制了监管模式。[54]

可以看出，尽管网约车这一新兴事物在出现之初，处在法律监管的模糊地带，甚至与旧有的规定存在一定的冲突，但监管部

53　张恒："网约车身份今日合法'转正'发展之路一波三折"，载国搜河南，http://hn.chinaso.com/tt/detail/20160728/1000200032972321469698722699949225_2.html，2018 年 3 月 1 日最后访问。

54　央视网："交通部：为网约车量身定制监管模式有利于其健康发展"，载新浪科技，http://tech.sina.com.cn/i/2016-07-28/doc-ifxunyxy5806250.shtml，2018 年 3 月 1 日最后访问。

门并没有急于否定它，而是给予它一定的发展空间。只有当网约车的优点和问题已经充分显现，对网约车如何规范管理也有了很多的认识和实践的共识，新规才适时出台。

同样的，对于出现在法律服务行业的新兴事物，监管也应当建立在实践经验积累的基础之上。监管机构应当给予新兴事物足够的发展空间，充分观察市场对新的服务主体的反馈，对其发展的利弊进行充分的分析，之后再做出是否对其进行监管以及通过何种举措进行监管的判断。在一定程度上，市场的优胜劣汰的机制已经可以起到淘汰劣质服务提供者的作用，过早的政策监管的强硬介入反而会压抑创新的空间，不利于行业进步。

网约车合法化的参考意义另一方面则在于理解新生事物的思路。

不同于征求意见稿的严苛，2016 年《网络预约出租汽车经营服务管理暂行办法》为网约车设置了一个新的运营登记种类——"预约出租客运"；它不再要求网约车的车辆性质必须为运营车辆，从而正式承认了非运营车辆提供运营服务的合法性；它不再要求网约车平台公司自有车辆，从而更加符合共享经济的精神；它不再试图从传统出租车的管理思路看待网约车这一新兴事物，将不符合传统规则的部分通通扼杀，而是为它开辟新的天地，真正承认和理解它独到的运作规律，提出与之匹配的监管思路。

这样的思路是极为务实的。

当网约车大大提高了车辆资源与人们出行需求的匹配效率，甚至在很大程度上改变了人们的出行习惯，试图退回那种出租车盲目乱转寻找乘客，乘客盲目在路边等待出租车的时代是逆潮流而动的。当共享经济的浪潮已经来临，没有运营资格的车辆也能够保障运营安全，甚至提供更好的运营服务，即使试图从规则上扼杀这样的创新也难以阻挡市场的选择。

这样的思路是极具创新精神的。

法律规则固有其滞后性，突破原有的规则体系并非易事。新规十分敏锐地把握住了时代的变化，开创性地突破对出租车行业的旧有认识，提出"网络预约出租汽车""网约车平台公司""网络预约出租汽车运输证"等新概念。

这样的思路也是极具包容精神的。

李克强总理 2016 年 5 月底曾在贵阳论坛上表态："一个新事物诞生的时候，我们确实不能上来就管死了，而要先看一看。"监管部门对待网约车的态度也的确体现了对新事物的包容精神。滴滴等打车 APP 刚刚兴起之时，监管部门并未直接扼杀，而是通过《关于促进手机软件召车等出租汽车电召服务有序发展的通知（征求意见稿）》对其加以引导。虽然各地也曾出现过对网约车平台的严厉整治，此次新规的征求意见稿也曾为网约车设置极为严苛的条件，但新规的正式出台仍然体现了对网约车这一新兴事物的理解和包容。

可以说，这一新规的价值并不止于出行领域，而是对未来"互联网＋传统行业"监管政策的变革都有极为重要的示范意义。

网约车这一新事物的出现，背景是移动互联网、云计算和大数据技术在近些年的迅猛发展，以及全社会车辆资源的极大丰富。

正是因为车辆不再是社会的稀缺资源，才有了车辆资源共享的可能，而不必依赖于出租车公司提供的车辆服务；正是借助于成熟的 GPS 导航系统和 LBS（基于位置服务）技术，任何一个拥有驾驶技术的人，都可以准确地将乘客从甲地运到乙地，而不逊于经验丰富的出租车司机；正是借助于移动互联网带来的大连接时代和对乘客出行需求、最佳路线的深度计算和匹配，以及由滴滴、Uber 等平台搭建起来的车辆质量、司机能力、乘客付费能力等方面的信任体系，车辆资源和出行需求才能够更好地配置，不具有传统运营资质的车辆也有了提供运营服务的能力。

在法律行业同样如此。大数据和人工智能技术可以让曾经高深莫测的法律专业服务变得简单。在智能工具的帮助下，只具备基础法律知识，甚至是没有经过法律训练的普通人，也可以完成此前只能由律师这样的专业服务人士才能完成的工作。2016 年 5 月全球首位人工智能律师 Ross Intelligence 入职美国律所，负责协助处理企业破产相关事务就是很典型的例子。只需用自然语言提出需求，它就可以完成协助案例筛选等数据量很大的基础性工作。

一直以来，法律服务市场其实都存在着供给严重不足的问题。从 2011 年到 2016 年，每年的律师人数增长不过 7% 左右，绝对数量现在还不到 35 万，与 13 亿的人口规模以及法院每年处理的将近 2000 万件案件相比微乎其微。随着法院受理案件数量的节节攀升和诉讼之外的其他法律服务需求的激增，单靠目前的律师资源或许更加难以实现有效供给。

在这样的背景下，技术创新带来的执业泛化就更具有重要的意义。允许更多拥有法律服务能力的法律服务提供者进入市场将大大扩大法律服务的供给，从而让优质低价的法律服务惠及更多民众。对于以新的方式组织法律服务的机构，也应当给予更加宽松的发展空间。毕竟，监管的目的在于让整个法律服务行业更好地服务于人们的法律服务需求，而非维持旧有的监管制度本身。

从更宽泛的意义上说，我们甚至可以在一定程度上将互联网与大数据掀起的生产革命视作这个时代的"工业革命"。

在两百多年前的工业革命中，机器化大生产替代了人的部分体力劳动，即使是不具备高端生产技能的工人也可以在机器的帮助下生产出精密的器械和产品。在这个时代的信息化革命中，互联网、大数据和人工智能大大降低了信息沟通、信任建立和知识工作的门槛，越来越多不具备丰富知识和经验的人也可以很好地承担起原来带有一定专业性的工作，建立在工业时代的专业分工格局面临调整。

用农业时代的生产规则去引导工业时代的机器化大生产必然是无效的，同样，工业时代的生产规则当然也无法适应信息化时代的需要。当全社会的生产水平发生变化，资质和门槛必然面临调整。在这样的趋势中，我们应当站在不断优化法律服务整体水平的角度，为未来留出更多的想象空间，用更加开放的态度面对新兴的服务提供者，而这也将助力传统的法律服务行业焕发新的活力与生机。

Part 6

变 革 的 意 义

第一节　走向成熟的中国法律服务

一、不断增大的法律服务市场规模

在律师制度恢复以来的三十多年里，中国法律服务市场的规模发展到了近千亿，可谓成绩斐然。但不得不承认的是，这个市场的规模还是太小。众所周知，中国整体经济发展水平不高，人们普遍法治意识不强，都是制约中国法律服务市场发展的大环境因素。然而，那些制约中国法律服务市场发展的内在因素更值得重视。

正如第二章指出的，律师难找、难信任是法律服务需求方普遍面临的问题。许多时候，当人们遇到了法律服务问题，需要律师的帮助，但由于觉得不好找律师，找律师太麻烦、太贵，或者难以信任律师，最终往往放弃了使用律师服务，直接自助式地解决问题，或者置法律风险于不顾。

虽然那些可以自助解决或者当事人愿意放弃利益换取方便的纠纷，往往标的额不大，但千千万万个这样的小需求，其实构成了法律服务市场的巨大"长尾"。所谓"长尾"，是指正态分布曲线的尾部。拿法律服务市场来说，这部分"长尾"利润不高，不受重视。但是，这些需求数量巨大，一旦被累积起来，就能爆发巨大的能量。这些细小、不受重视但规模巨大的"长尾"法律服务需求，是即使社会大环境不变，法律服务市场仍可自我发掘的潜力所在。

从根本上说，在这个长尾市场里，让人们不愿意找律师的两个最核心的障碍是：信任难题和价格问题。

在此前的时代里，只有行业内的少数律师拥有评奖评级或者通过其他方式打造个人品牌的机会，从而在行业内外有一定的知名度。对于行业内的大多数律师而言，并没有具有说服力的评价作为支撑，难以打破法律服务的高信任门槛。许多律师虽然完全能够尽职尽责、保质保量地完成法律服务，同时服务价格也相对较低，但是由于难以建立需求方的信任，也就难以获得服务的机会。

在另一方面，很多标的额不大的案件，律师也常常会因为性价比的原因而选择放弃。对律师而言，时间是最主要的工作成本。通过提供法律服务，解决较为复杂的法律服务需求，律师往往能在单位时间里获得更好的收益。但是对于细小零碎的法律服务需求，比如说简单的法律咨询或者诉讼案件，或者企业的常年服务需求，律师仍然需要为了处理这些事项花费不少的时间，但是客户往往不会有很强的付费意愿。

这也就导致了律师服务意愿和客户需求的不匹配：因为为琐碎的事务提供服务的收益不高，律师往往会向提供更复杂的服务的方向发展自己的能力，争取更加优质的服务机会，但是这也就导致，如何更好、更高效地完成基础的法律服务并未受到律师们的足够重视。而由于律师难以更加高效地处理基础法律事务，他们在处理这些事务上会花费较多的时间，客户愿意支付的费用难以覆盖律师提供服务的成本，律师的服务意愿也就相对较低，从而构成了一个相对空白的"长尾"市场。

在互联网时代，这几个问题都将有可能得到解决。

互联网首先可以解决找律师难的问题，人们将可以便捷地在线获得律师的信息，同时，当法律行业的大数据变得更加成熟，人们将可以看到每一位律师此前的服务状况和客户评价等信息，从而对律师在未来提供服务的水准有较为明确的预期。而基于在线的法律服务系统，服务流程和服务结果也能有更明确的预期，从而进一步建立对服务的信任。

在另一方面，当在线法律服务平台对客户的法律服务需求进行更进一步的聚合及分发，律师的专业化程度也愈加提升，从而提高处理某一领域法律问题的效率。在互联网工具的帮助下，律师的作业效率本身也能够得到提升，从而在更短的时间内完成更加优质的服务。在这样的情况下，虽然律师从每一项服务中获得的收益有限，但在同样时间内提供服务的次数大大增加，由此获得的收益或许完全不逊于传统上为复杂法律服务需求提供服务的收益。

这样的效率提升，能够让提供基础法律服务成为律师的新执业选择。未来，或许将会有更多律师愿意提供更为基础的法律服务，从而将这一部分服务力量解放出来。这对于处于执业初期的年轻律师来说，会是一个难得的发展机遇。通过批量办理这些简单案件，既积累了实务经验，又解决了温饱问题。

更重要的是，无论是基于人工智能的直接服务，还是技术对法律服务提供者的辅助，都将大大提升法律服务的效率，降低成本。同时，互联网、云服务无时无刻的连接也将大大提升法律服务的可及性，让人们可以更加便捷地获取法律服务。这无疑将让更多人养成使用法律服务的习惯，更进一步地扩大法律服务市场。中国法律服务市场的规模因此被激活，甚至成为万亿市场，也并非痴人说梦。

二、更精细化的律师能力分工

因为工作方式的改变，以及对资源的精细化配置，律师将有机会大量处理同类型的事务，从而逐步形成自己的细分专业能力。从更高的层面来说，这将进一步促进律师行业的能力分层：一方面，律师可以在特定的业务领域建立优势；另一方面，在工作内容上也会形成差异化，比如，未来就有可能产生专门帮助其他律师做"法律检索"的专家律师。

在这样的市场里，律师的发展方向也会发生变化。

首先，律师将把精力专注在专业能力和服务能力的提高上，而不用花费过多精力在市场拓展上。

在过去，人脉拓展是每一位律师的必修功课。在占有客户资源才能拥有更多发展空间的背景下，律师需要把大量的精力放在人脉资源的积累和客户资源的开拓上。由于法律服务的高门槛，人们难以判断律师的专业能力，法律服务的过程也显得十分神秘。这样的神秘甚至成了一些律师盈利的基础。在这个行业里，由于缺乏透明的律师评价机制，律师的业务能力和服务水准参差不齐，行外的人也难以辨别。

而在这样的互联网搭建起来的无边界的大市场里，所有律师都拥有同等的获得关注的机会。他们的服务机会来自于自身能力与客户需求的匹配程度。为了获得更多服务机会，他们需要更多地专注于目标服务领域的知识学习和经验积累，并且在互联网上留下更多的数据沉淀。同时，他们需要为客户提供更加优质的服务，从而在互联网上获得更多更好的客户口碑。

事实上，无论是传统由司法行政机关和律师行业协会主导的评奖评级，还是由第三方市场机构推动的律师评奖，抑或基于大数据的律师评价体系，除了给优秀律师以奖励，给客户选择律师提供参考，其实都具有深远的行业意义——树立行业发展的准则，鼓励律师提供更好的法律服务。

当评价机制只能覆盖行业中的少数人，行业中的其他人在评价机制上便处于相对模糊的地带。有一些律师有很好的服务能力和服务精神，却很难得到市场的青睐；也有一些律师正是借着法律服务的高门槛，不尽职尽责地提供服务，却仍然能够获得市场机会。一个更加全面客观，覆盖行业内更多律师的评价体系将成为切实影响行业生态的机制，引导律师把更多精力放在专业能力提升和客户体验改善上，促进全行业服务水平的提高。

其次，律师将有机会接触到更加广阔的市场，从而有更早实现专业化的可能。

正如我们在第二章中讲到的，虽然行业内对专业化的重要意义存在着普遍的共识，但是由于当地法律服务市场大小和律师个体的人脉圈子所限，许多律师往往很难在某一特定专业服务领域获得足够多的服务机会，专业化建设也因为面临着"吃不饱"的问题而举步维艰。但是，在有基于数据的评价体系作为支撑的互联网上，地域边界、市场边界和基于人脉建立的信任边界都将被打破，从而出现一个无边界的整合市场。当更多的法律服务需求在这个市场里汇集，并且由平台按照法律服务需求的特征进行有针对性的分发，律师也将有可能在某一个细分的专业领域里获得更多的服务机会，从而突破此前的专业化瓶颈。

除此之外，线上的服务机会分配机制也将进一步推进律师的专业化建设。集中度决定了说服力，如果把精力分散在若干个领域里，律师在每个领域里都不会有太多案例，在每个领域都难以说明自己的专业能力。这就会激励律师针对某一特定领域学习知识和积累服务经验，在线沉淀更多数据，从而优化自身的专业品牌。

最后，随着经济的发展，法律服务的需求变得更加复杂。基于以上几方面综合因素的影响，法律服务行业会有更多的分工，各个领域都会体现。每一个领域内部的细分会有更加精细化的分工出现。分工是提升效率，提升律师能力的前提。互联网让进一步的分工成为可能。同时，随着经济的发展，法律服务需求越来越复杂，也促使律师行业进一步分工，在更精细化的领域发展专业能力并且充分协作。

此前，一个律师往往什么案子都接，并且从头做到尾。但是，互联网降低了信息成本和协作成本，同一个客户的不同需求，可以找到在不同领域各有擅长的律师；客户需要协作的复杂需求，也可以组建团队完成。甚至在同一个专业领域内部，也可以拆分出不同的能力性质，比如说市场能力、专业能力、服务能力，有人专门负责拓展客户，有人专门负责办理业务，有人专门负责提升客户体验。

在这样的趋势下，我国律师行业分工也开始逐渐细化，很多律师会通过组建团队的方式，由不同的人负责不同的领域，实现法律服务的最优解。

三、替代性法律服务和周边产业的兴起

随着技术的进步，越来越多不同于传统律师事务所的替代性法律服务机构也会逐渐兴起。

根据汤森路透发布的 2017 年替代性法律服务研究报告[55]，新兴的法律服务提供者大致包括以下几种：(1) 会计师事务所。四大会计师律师事务所已经跨入法律服务领域，主要提供与会计审计工作相互补的高价值的、流程导向的法律服务。(2) 律所自有的法律流程外包机构。比如说，Clifford Chance、Allen & Overy 这样的律师事务所已经选择在成本更低的区域建设服务分包机构，主

---

55 Alternative Legal Service: Understanding the Growth and Benefits of These New Legal Providers.

要处理大量的程序性的工作。(3)独立的法律流程外包机构。它们主要服务于公司法务和律师事务所，提供外包的法律服务，比如说电子发现服务和文件检视。(4)合同律师服务（contract lawyers），主要向企业派驻临时的律师，既可以是完成法律文件检视的入门级人员，也可以是拥有丰富技巧和经验的资深专家。

据汤森路透的估计，全球替代性法律服务市场大概拥有84亿美元的规模。其中，独立的法律流程外包机构是最主要的部分，市场规模约为62亿美元。

可以看出来，以上四类替代性法律服务机构中，有的是进入法律服务市场的全新玩家，比如说会计师事务所；有的是基于传统律师服务的周边产业，比如说律师事务所内部自建的，或者是以律师事务所和企业法务为服务对象的法律流程外包机构；有的则是组织律师提供服务的新的方式，比如律师事务所可能通过在家办公的方式，成为虚拟律师事务所，或新的平台更加灵活地向客户派驻律师，以新的组织形式为客户提供服务。

在我国律师行业，替代性法律服务机构的发展趋势也应该是相同的。

互联网降低了信息传递的成本，从而让组织内部可以实现更加高效的远程沟通与协作，律师和律师事务所的部分工作将可以更加便捷地外包给其他律师或者服务机构完成，从而有可能催生外包服务市场。律师服务也可以以新的形式被组织起来，出现更加灵活的虚拟律所或者派驻律师的服务。同时，大数据、人工智能等技术的发展降低了提供法律服务的门槛，基于人工智能、自动文件生成等工具的自助法律服务也将更为流行，从而衍生出新的法律服务机构。

在此之外，法律服务市场的服务主体主要包括律师、公证、法律援助、基层法律服务、司法鉴定五类。可以想象，未来的法律服务市场将拥有更多的可能性。各类更多元地直接服务于客户，以及服务于法律服务提供者的机构将产生，从而进一步促进行业整体的效率提升。

同样地，随着整个法律服务市场的扩大，服务于法律服务行业的周边产业也将兴起，比如说服务于律师事务所的咨询机构、专业法律培训机构等等。这样的周边产业将更进一步地促进法律服务行业的分工，辅助法律服务行业朝更完善的生态发展。

一直以来，相较于美国律师行业，中国律师行业还有很大的发展空间。除了直接可见的人均拥有律师人数、法律服务市场规模之外，美国律师行业更加悠久的历史积淀也让整个行业拥有了更加成熟的执业规范、组织模式和行业分工体系。但是，在利用互联网时代的新兴技术推动行业变革上，中国律师行业存在相当大的优势。

第一，中国拥有统一的法律服务市场。中国是一个单一制国家，只有一套统一的法律体系。而美国则不同，各州有自己的法律体系。中国律师取得的执业资格可以适用于全国的所有省份，美国各州则设有单独的律师行业准入机制。这也就意味着，中国律师和其他法律服务提供者面临的是一个统一的大市场，也可以依托于统一的法律体系和法律实践，打造拥有广泛实用性的法律产品。这将为法律服务提供者带来更大的市场空间。

第二，中国律师行业的年轻意味着更大的发展可能性。在美国，律师行业的存在由来已久，经过了长期的历史积淀，在传统的法律服务模式下，形成了相对完善的制度和执业规范。但是，当新的技术为法律服务模式带来变革，也将会出现更多与传统规范相抵触的实践，必然面临着更大的制度上的阻力。

一个典型的例子是 LegalZoom。LegalZoom 是在美国非常受欢迎的替代性法律服务提供商。自 2001 年创立以来，LegalZoom 致力于提供简单、低成本的服务，以替代此前面对面的法律服务。当消费者需要特定的法律文件，登陆 LegalZoom 网站后，回答一系列相关法律问题后，就可以获得自动生成的文件。在美国，由于这一业务模式涉嫌未授权的法律执业，LegalZoom 曾多次卷入诉讼。

传统的规定无疑对 LegalZoom 的发展构成了极大的限制。但是，有学者指出："LegalZoom 做到了此前律师协会没能做到的事情。这家线上文件提供商为那些买不起传统法律服务的人提供了法律帮助。尽管 LegalZoom 不无缺点，但两百万的企业和个人用户规模、2012 年 1200 万美元的净利润、零用户公开反对都证明了 LegalZoom 是一个相对于昂贵律师服务的有效的替代性法律服务提供者。"[56] 该学者甚至主张："法律界有道德义务来保证

56　See Cody Blades, "Crying Over Spilt Milk: Why the Legal Community is Ethically Obligated to Ensure LegalZoom's Survival in the Legal Services Marketplace", *Hamline Law Review*, Vol.38, 1(2015).

LegalZoom 在法律服务市场的生存。"事实上，随着 LegalZoom 持续的实践和积极的权利争取，政策空间已经逐渐出现松动。

但在中国，律师行业还十分年轻，尚未形成完善的行业规范体系，同时对多元化的法律服务提供者持有相对开放的态度，这就为创新留下了更大的空间。

一个典型例子是，2017 年底，司法部主导建设的 12348 中国法网上线，作为公共法律服务体系建设中的重要环节，由司法部法律援助中心运营管理。这个网站不仅邀请律师、公证员、司法鉴定人、人民调解员等法律服务人员驻场，为民众提供咨询解答，更为民众提供智能问答服务。只需要选择面临的法律问题类型，按照系统的提示回答若干问题，人们就可以获得由系统自动生成的法律咨询意见书。

这样法律咨询意见书的生成过程和 LegalZoom 提供法律文件服务的过程极为类似，却有着与 LegalZoom 截然不同的发展环境。它被视作我国司法行政系统贯彻落实国务院"互联网＋政务服务"重大部署的创新举措，受到官方机构的大力支持。

2018 年的两会上，司法部部长张军在接受媒体采访时表示，12348 中国法网将努力做成中国的"法律淘宝"。"任何人有法律问题，只要上这个法网，都能得到预先准备的知识库、案例库自动生成的智能法律服务。如果仍不满意，有特殊问题的，还有上千名律师、公证人、法律援助工作者、人民调解员、法官检察官、专家学者等在线给老百姓提供法律服务。"[57] 这无疑体现了我国司法行政机关对于法律服务模式创新采取的开放态度。

张军还指出，要通过实际满足老百姓需求的服务，让人民群众在新时代的民主法治公平正义方面有更实在的获得感和幸福感，从而增强自己的安全感。

可以说，我国更加开放的行业监管态度，让整个法律服务行业有了更大的创新空间，可以围绕着普惠法律服务的目标做出更多创造性的探索。这将成为中国法律服务行业发展相较于美国同行的极大优势。

第三，中国律师行业现有法律服务的水平不足反而让技术进步带来的改善效果更加明显。从根本上说，市场的选择是助推行业进步的更根本的动力。创新模式提供的法律服务将在多大程度上优于传统服务，决定了创新的模式将在多大程度上、以何种发展速度为市场所接受。

中国法律服务市场和律师行业的年轻意味着，无论是在律师执业技能的规范程度还是行业精细化发展程度等方面，中国律师行业都与美国律师行业存在很大的差距。同时，在美国，人均拥有律师的数量远远高于中国。这也就意味着，在美国获取法律服务的便捷度也更高。

当传统的服务模式已经相对完善，同样的技术进步为服务带

57　官雪晖："司法部长张军：12348 中国法网上线后将成'法律淘宝'"，载澎湃新闻，https://www.thepaper.cn/newsDetail_forward_2016006，2018 年 3 月 1 日最后访问。

来的改善效果就相对有限。而在我国目前的法律服务市场上，诸如法律服务市场信息不对称，律师行业分工不够精细、效率不高，法律服务评价体系不健全，服务过程本身缺乏保障等问题凸显。当互联网等新兴技术的发展为这些状况带来改善，也会变成很容易被市场感知到的极大的不同。这也将在一定程度上成为我们的"后发优势"。

正如李克强总理所言："我们过去常说，在信息尤其是互联网领域，发展中国家和发达国家站在了同一条起跑线上。现在，我们很可能就站在这样一条起跑线上。而且，在某些方面，甚至比发达国家拥有更大的优势。"[58]

借助技术的力量，中国律师行业或许也将跳过低效率的阶段，引导全球法律服务行业的变革，实现蛙跳式的发展。

第二节　让法律更加公平正义

在本书所有的讨论中，我们都试图从市场运作的逻辑，思考法律服务未来的发展和可能的监管规范。这可能会面临一种质疑：法律服务的商业化和市场化趋势是否道德？

在一种观点看来，法律服务与普通的服务有很大的不同。作

58　付聪："李克强：互联网某些方面我们比发达国家有优势"，载腾讯科技，http://tech.qq.com/a/20150625/022715.htm，2018年3月1日最后访问。

为法律职业共同体的重要组成部分，律师应当为社会服务，注重社会责任感，为弱势群体提供更多的法律援助。持这类观点的人往往对律师的市场营销行为持反对态度，认为如果律师陷入不择手段的商业竞争中，以营利为目的不断追求个人利益，将违背律师应当承担的社会责任。

这一观点中对律师社会责任的强调当然是正确的。在这个法治社会里，只有当每个人都可以得到便捷可靠的法律服务，整个社会的公平正义才能得到更好的实现。但需要注意的是，这一愿景的普及，不仅需要每一位律师和法律服务提供者的社会责任感，更需要切实降低法律服务的门槛，提升整个法律服务供给侧的服务效率。而为了实现这一点，就必须从市场发展的角度，根据市场规律鼓励和调节法律服务市场的发展，通过经济和商业的思维来思考行业整体的进步。事实上，也只有通过基于市场规律的对法律服务行业的更积极的引导，真正低门槛的法律服务才能变为现实。

总的来说，互联网化的律师行业从以下方面改善了法律服务：互联网的介入首先让整个法律服务市场更加透明。人们可以更加方便地找到律师，了解陌生律师的专业能力。同时，互联网也将让整个行业的收费方式和工作方式更加透明。当更多的法律服务在线上进行，线上就可以积累越来越多的交易数据，而这其中就包括收费数据。这样的收费数据可以为人们选择律师提供参考。除此之外，法律服务流程也会变得更加透明，从而让未来的法律服务更加可预期。

透明的最重要的意义在于，它将让法律服务不再神秘。

在过去，英美律师行业流行的按小时收费的习惯让法律服务好像是一个"黑匣子"。人们为律师的服务时间付费，却并不了解服务过程，对服务结果也很难有预期。法律服务行业本身的专业门槛更是让法律服务显得难以捉摸。个别律师甚至利用这样的专业门槛，故意使法律服务神秘化，通过这样的方式获取超额利益。

互联网则让法律服务去神秘化，砍去由神秘感带来的超额利益，让法律服务成为更加日常的基础服务。更进一步，依托于人工智能和自动法律文件生成工具，人们可以自助地获得更加便捷的法律服务。而当法律服务更加透明，人们也会对法律服务乃至整个司法体系有更多的了解和理解，从而提升社会整体对法律服务和司法系统的信任度。

除此之外，当互联网时代的新兴技术提升了法律服务市场资源匹配和律师作业的效率，法律服务的成本也将进一步降低。尤其是，当大量的法律知识数据能够沉淀在系统中，并且在产品研发和人工智能等技术的支持下，以更加自主化的方式使人们获得法律帮助，法律服务的成本将得到革命性的降低。

或许会有人质疑：更低成本的法律服务是否会带来更多纠纷和诉讼？

首先，诉讼本身并不是坏事，是一种对权利的维护。诉讼本就是公民维护权利的一种重要手段，社会纠纷的解决机制中，诉讼是最终也是最关键的保障。一直以来，我国古代多有"厌讼"的传统，这导致了我国民众很多时候不愿意选择诉讼作为问题化解的方式，而是选择私力救济。这显然是不符合依法治国的要求的。因此，通过互联网将一部分民众引向合法的解决问题的渠道是十分必要的。

其次，法律服务的便捷与诉讼增加之间不必然产生联系。便捷的法律服务可以提前化解问题，使问题解决在诉讼程序之前。事实上，很多问题之所以最后走向诉讼，都是因为在前期缺乏恰当的法律指导或者法律风险预警，从而为后续纠纷的发生埋下了伏笔。更加便捷的法律服务将可以深入到社会生活的方方面面，事先指引人们更加合规地处理法律相关事务，最大限度地降低法律风险，减少未来争议的发生。

更重要的是，提供更加透明、便捷、低成本，更加触手可及的法律服务是整个律师行业乃至整个法律服务行业的终极使命。

当我们处在一个法治的社会，依法维护自身合法权益、在法律允许的范围内从事社会活动的能力就显得尤为重要。但是，在一个法律服务稀缺或者成本高昂的社会里，往往会出现这样的情形：非常富有的人可以聘请律师提供服务，非常贫困的人可以得到法律援助的帮助，但是社会中的绝大多数中等收入和低收入人群则会面临法律服务的真空，他们可能会需要司法体系的帮助，却没有资格得到法律援助，也付不起雇佣律师的费用。这无疑会有损整个司法体系的正义程度。

我们很高兴地看到，技术的进步和法律服务模式的创新让填补这个真空成为可能。如果互联网可以真正打破法律服务的门槛，让更多的人可以更加便捷地以更低的成本得到更可靠的法律服务，它也将让我们的整个司法体系和法治体系变得更加正义。无论是对于法律服务行业的所有成员，还是对于法律服务行业的监管者来说，我们有义务不断地探索更优的服务模式，提升法律服务的效率、质量、客户体验和普惠程度，让公平正义得到更好的实现。

互联网的介入还可以打破原本不同法律职业之间的隔阂，助力打造更加公平正义的法律生态圈。

过去，法律职业群体其实存在一定程度的割裂。法官们可能会说，律师很坏，蓄意炒作，为赚取眼球故意抹黑法官，甚至煽动舆论，影响法院公正裁决。律师同行之间聊天，也有可能会抱怨法官不公正，在庭上玩手机、打瞌睡，粗暴打断律师陈述，恶语相向；在庭下讲关系、讲人情，但不讲法律，枉法裁判，判决不公。

这样的割裂并不仅仅停留在言语上。从重庆的李庄案，到广西北海案、贵州小河案，律师中有一些人成了"死磕派"。法官打律师、法警把律师扔出法院、律师在法院门口绝食、律师拉横幅向法院抗议、公诉人当庭抓走律师……种种真真假假的乱象在媒体上传播开来，成为人们心目中更为生动的"法治现实"。

互联网技术的发展，却有可能打破不同法律职业之间的门槛和隔膜，为改变这样的现实贡献力量。

比如说，在互联网上无边界的连接下，法院的诉讼服务中心将可以成为一个开放的平台，把诉讼参与各方连接起来，让法官、当事人、律师等都能够积极地参与进来，就诉讼相关信息进行迅速的、无障碍的沟通。这个诉讼服务平台实际上就是一个没有"围墙"的法院，我们可以把它理解为一个运用互联网连接的"大司法社区"。随着法院信息化水平和公开程度的提高，法院将不仅仅是法官的"地盘"，而是由包含法官、检察官、律师在内的所有法律人共同运作和管理的法律服务平台。互联网技术的发展，让这样的"共治法院"越来越成为可能，其最大的意义在于降低了各个法律职业群体之间的沟通门槛。"无边界""透明""开放"的互联网精神，将深度影响这一人群，消弭群体之间原本无处不在的鸿沟和偏见。

比如说，当互联网和大数据在律师行业建立了更加广泛、客观、全面的评价体系，同样的评价体系也可以在法官、检察官等其他法律职业中形成。这样的评价体系不仅可以帮助当事人更好地选择律师，评价法官、检察官，其实也为法律职业群体之间的互相评价、互相信任奠定了基础。除此之外，法律大数据让法律职业人的工作全程留痕的特征本身就可以起到更好的监督作用，而这也将更进一步地促成不同法律职业群体之间信任的形成。

更重要的是，法律职业共同体对法律的共同信仰将被强化。对法律的共同信仰是法律共同体之所以存在的重要基石，但是在过去，法律之外的因素对司法的影响多有存在。而在线上的工作平台上，法律大数据可以为法律人的工作提供指引，甚至在偏差出现时及时提醒。对法律的共同信仰将因此被内化到法律职业人的日常工作中。虽然在线下，我们供职于不同的机构，扮演着法律职业共同体的不同角色，但是在线上，我们的工作平台将被互联网连接起来。每个人的工作进度都将更为透明地展现，协作和配合也将更加顺畅，因为位置和视角的不同而心生的罅隙也会因此被弥合。法律人将因为法律知识和法律技术被联系起来，这个共同体的成员们被引导着，在日常工作中践行对法律的共同信仰，法律职业的归属感和使命感也因此渐渐浮现。

所以，未来的法律职业共同体必定是一个线上线下融合的职业共同体，不同法律职业群体之间不再因为职业视角的不同而存在鸿沟和偏见，而会在法律大数据的指引下，扮演好司法过程中的不同角色，共同推动中国法治的不断进步。

在全面依法治国的今天，这样的法律职业共同体是极为必要的。国家治理体系和治理能力现代化需要法治体系作为支撑，而法治体系的建设与完善则需要拥有相同法治理想的法律职业共同体的通力协作。

我们应该感谢这个时代飞速发展的技术带来的可能性，它让我们有可能以一种全新的方式去真正解决此前困扰行业发展和法治进步的难题。我们也有责任抓住新技术发展带给我们的机遇，去建设更加完善的法律服务行业，打造更加公平正义的法律生态圈，在这个全面依法治国和国家治理体系转型的时代中，承担起作为法律人义不容辞的时代责任。